快速記憶
學紫微斗數

Rapidly Memorize And Learn
Zi Wei Dou Shu

前 言

　　這是一本人人可以將生澀難懂的紫微術語，藉由作者特殊教學經驗，簡單輕鬆的記憶下來。

　　對一般人而言，紫微斗數術語繁雜生澀、艱深難記，

　　筆者以長年教學及學習經驗，用深入淺出、易記、歇後語、諧音、化繁為簡，讓你在短暫分秒時間內，認識紫微斗數，牢牢背住紫微斗數術語、星座名稱、五行、宮位強弱、坐向。

　　這是一本紫微斗數書籍的創舉，不用死背輕鬆學習，學來、背來不費吹灰之力，不再霧煞煞。

　　懂紫微斗數並明白孩子個性，兩者若結合，原來教育孩子的方法，是可以變得輕鬆、明確和自在。也能讓孩子個性在被懂與理解的情況下，學習變得不再艱辛和被壓

迫，悠然自得在快樂中自信而有趣學習的。

　　人生最困難的功課是不瞭解自己，也不清楚別人，這本書讓你清楚自己，也瞭解別人。

Seeing clearly both your own individual character and that of others is one of the hardest lessons in life.

　　奧地利出生，入了英國籍，是位哲學家及數理邏輯學家，路德維希‧維特根斯坦（Ludwig Wittgenstein）說過：

If a person can see clearly their own personality, they can be happy and at ease even if they are alone or poor. However, if they cannot undetstand their own personality, even if they are wealthy and have many friends, it will be difficult for them to be happy.

「孤獨，貧窮都能快樂，如果能清楚自己。倘不能瞭

解自己的個性，再富有朋友再多也很難快樂。」

　　紫微斗數是藉由每一顆星的交互運作，找出人的特質、優點、缺點、行為、才華和潛能，可知己知彼，進而改之或加勉，為自己創造出新的命與運，或和人建立好的善緣與同理心。

　　人的個性在生下的那一剎那，紫微斗數的命宮就已清楚呈現出你獨特的個性、特質與行為傾向了。

　　At the moment we were born, the intersection of space and time occurred, causing a resonance effect between the magnetic field of our bodies and that of the Earth. Therefore, at this time, our fate was already predetermined..

　　才華和潛能，一生的吉和兇、好和壞，在紫微斗數中

皆可窺知。

紫微斗數非怪力亂神,而是最早的人類學及行為科學。是 *Metaphysics not mysterious.*

Knowledge is power,每個人若都能學一些紫微斗數知識,生命的智慧能力與如何面對逆境的力量就能開發出來。

命好、運好可以衝刺,行有餘力助人增福報。若命不好、運不佳時,休息一會兒,沉潛看書,未來才有 power 走更長的路。

2022(壬寅年).5.22 路因寫於台北

目　錄

幼幼紫微
星星的名字、分佈及記憶方法

星星分佈的地方，分南區、北區、中區。

A. 南區

紫微星、貪狼星、巨門星、祿存、

文曲星、廉貞星、武曲星、破軍星。

PS: 記憶方法：豬貪巨鹿，吻臉巫婆

【豬想貪吃巨鹿】豬求巫婆幫忙

【吻巫婆臉】巫婆指著臉說著。

B. 北區

天府星、天相星、七殺星、天機星、天同星、

天梁星。

PS: **記憶方法：府涼，乩童想，殺。**

【**府**上很**涼**爽，我**想住**……】**乩**、**童**想著，說了出來。

【好大的膽子，**殺**……】

C. 中區

太陰星、太陽星。

PS: **記憶方法：太陽星為日，太陰星為月**

【陰陽為明，學了紫微斗數，明天會更好。】老師對

學生說著。

它們各自有自己的好朋友，分成兩隊伍。

A 紫微隊

B: 天府隊

1. 紫微隊:

紫微星、天機星、太陽星、武曲星、

天同星、廉貞星。

PS: **記憶方法:一隻雞養五天,廉(便宜)。**

【**一隻、雞、養、五、天**,就可以賣了】老闆得意說

著

【**太廉**價了吧!】客人驚叫著。

2. 天府隊:

天府星、太陰星、貪狼星、巨門星、

天相星、天梁星。

PS: **記憶方法:府太貪,拒商量。**

【**爺府太**會**貪**汙,**拒**絕和他**商量**。】當事人對律師說

著。

10

星星的故事（紫微外傳）

【以後這些星辰要和你們每一個人輪流住，所以你們必須要瞭解它們的個性、脾氣和來歷。】媽媽說這些星星的故事。

紫微斗數的十四顆星辰的來歷，也就是把它們的善行、惡行，分別安置在星辰的世界。

在商朝有一個國王叫紂王，是一個暴虐昏君。

有一天，打獵回家的途中遇到大雨，在附近的古廟避雨，古廟奉祀的神是九天玄女。

紂王是位好色的君王，看到九天玄女的神像，竟然起了不好的念頭。

「我要九天玄女做我的妃子！」紂王下了命令。

九天玄女是位神明，受到紂王的輕薄，大為震怒，決

定要消滅紂王的殷商。

　　她叫了狐狸精變成美女，也就是妖姬妲己，做了紂王的愛妾，以色迷惑紂王，終於讓殷商滅亡了。

　　天界的神明越來越少，玉皇大帝大傷腦筋。知道九天玄女與紂王的事後很高興，認為天下一亂，這時會有許多好漢與忠臣喪命。

　　於是便降下聖旨，派太白金星守在天地分界的南天門，只要有忠臣喪命，就封他們為天上的神，安置在天界的星辰。

　　殷紂王為了要消滅周，藉口商議政事，邀請周文王到商的朝廷。

　　周文王精通占卜術，到了殷朝，紂王就把他關起來。但害怕大臣不滿，就說文王犯了謀逆大罪。

　　文王長子伯邑最出色，是個美男子，彈一手好琴，也是孝子。

認為父王之被捕是誤解，他親自去向紂王解釋。

當晚伯邑就被安排住在宮殿裡。

心中有些苦悶，藉彈琴來解悶。睡著的妲己，被琴聲吵醒，走到了伯邑的房間前，情不自禁進去伯邑的房間。伯邑義正辭嚴地斥責妲己。驚動了侍衛，就把伯邑抓了起來。

妲己把一切責任推到伯邑身上。說被伯邑硬拉進房間非禮。紂王一聽就把伯邑殺掉，將屍體剁碎，做成肉圓，送給伯邑的父親文王吃。

文王已經預卜事情即將發生在自己身上了。

肉圓送到獄中來，文王裝作不知道，吃著用孩子屍體做的肉圓。

紂王聽說文王吃下了肉圓，認為他的占卜美名，只是個虛傳罷了，就把文王放了。

歸途中，文王悲憤交集。希望可以把死去的兒子，施

法變活回來。

　　走進草叢，張口把肉圓吐出來，出來的不是肉圓，而是一隻白色小動物。

　　雪白的毛，長長的耳朵，和紅色的圓眼睛，據說這是世界上的第一隻兔子。兔子向文王嗑個頭後，就消失在草叢。

　　（本文來自古老傳說故事，筆者重新潤述）

紫微星星的南斗、北斗分佈、
故事、特質記憶方式

筆者叮嚀：

以下紫微斗數命盤的南斗、北斗、六吉、煞星記憶方式介紹：

1. 本章節紫微斗數諸星繁多，每一主星特質個性不一樣，要熟記確實是有些難度。但務必熟記下來，因為十二星性在每個宮位的互動結合，產生的意義性質，都會不一樣。也因此你會更清楚十二星性在宮位的 detail 細節，也能解釋得更貼切。

2. 希望讀者發揮自己的想像力、幽默感，用諧音、近似字、創造力，或無俚頭方式，來增加對斗數諸星的記憶力與聯想力。

3. 若筆者的聯想力不夠明確周全之處，請見諒！也歡迎與你們共同 brainstorm（腦力激盪），共同想出 easy

way ，讓大眾來輕鬆學習。

Thanks for Reading，謝謝！

A 紫微星：執掌尊貴、品格。代表善良和高貴。

太白金星將伯邑變成小兔子帶往天界，被封為執掌尊貴的神，住在開滿了「紫色薔薇花」的星辰裡。伯邑所住的星，叫做**「紫微星」**。

屬於領導型，天生喜掌一切，相信自己見解，**剛愎自用**，習慣指揮他人，**愛發號施令**。允許不同的意見，有仁厚心**包容性**。**自負任性，希望別人聽他**，自尊心比較強，**穩重**。

做事認真，**自我要求高，慈愛威嚴**，遇困境能逆來順受。**求知慾強**，喜歡被稱讚、尊重與肯定，**虛榮心重、重視品質，穿著得體。包容力很強**。

獨坐，會缺乏主見，多疑善變。

最喜遇**左輔星**、**右弼星**，有助於其領導與執行能力。

會火星、鈴星、擎羊、陀羅也 OK。

記憶方式：

紫，慈容求嚴，重質。

威（微），剛虛，佔任發。

情境描述：

紫慈容，求愛嚴，重質，吃了威而鋼，身體太虛，暫時忍住發作。

解釋：

慈（慈愛）、容（包容力）、求（自我要求）、嚴（威嚴）、重質（重品質）。

威（微）剛（剛愎）、虛（虛榮心）、佔（佔有慾）、任（任性）發（發號施令）。

筆者心得：

紫微表示重心人物、強硬、領導，精神上（spirit，mind）在乎的事：沒面子的事、物。物質上（material）在乎的事：斷炊、失去。

尊貴的氣質，愛面子、霸氣，脾氣 strong，但說話有影響力。

不喜歡 social，有 I am a king 的感覺。

因為是為官祿主，工作軍公教政府和私人機關皆可。老闆皆可。

自己喜歡居上位，善於領導指揮別人，無法瞭解別人的需求跟想法。和別人互動，要多點笑容。

B 天機星：執掌著智慧、精神、機智的意思。

屬於支援型。

文王病逝，責任落在次子武王身上。後來得到姜子牙

輔助，打敗了紂王。也就是周朝。

最大的功臣就是軍師姜尚（姜子牙）。

姜尚，名叫姜子牙，有超人的智慧。

和馬千金結婚，一直很潦倒。和馬千金離婚後，才開始走運。輔助武王，興師伐紂，奠定周朝的基礎，逝世後，靈魂被安置在天機星辰裡。

天機星坐命，**足智多謀**，能解單純與複雜面向，聰明、反應快，**心思縝密**，能清楚選擇對自己有利之面，思慮周延，善於動腦、具洞察力、**分析、思考問題**，學有專長，**善體人意，喜歡團體活動**，能適應環境的變化。

喜新奇的東西，**多幻想**，也讓自己心境**煩亂不堪**，神經過敏**心神不寧**。不喜歡一成不變的環境，個性**浮動煩躁倔強**，喜歡投機、會見異思遷**因小失大**、善變猜疑妒嫉。

天機是一顆不斷變化，在固定環境中反覆變化，但有自己獨特適應力，也有良好學習本能。

天機化忌坐命宮，容易受環境影響（加陰煞如壞朋友），鑽牛角尖，遇事常想不開，自尋煩惱，頭腦打結，過於重視小細節而迷失大方向。

記憶方式：

天，智思分，意團。

機，妒，幻煩心，精因。

★簡記諧音：(一團天資十分，極（機）度幻煩心菁因。

情境描述：

一團天資十分愛思考分析，極度幻煩心不寧的菁英。

解釋：天智（足智）思（心思）分（分析），意（人意）團（團康），機妒（妒嫉），幻（幻想）煩（煩躁）心（心不寧），精（精神），因（因小失大）。

筆者心得：

天機 表示 變動、機謀。大限主移動，流年主動。

精神上(spirit，mind) 在乎的事：過於穩定、沒有變化。

物質上 (material) 在乎的事：各種太多不動產，
反會不安。

天機，經常動腦筋，隨時可能改變想法。聰明機靈，
反應很好，**適合從事動腦工作。精通於數字邏輯、電腦資
訊。**

有很多想法創意，臨場反應快。

是很棒的行政幕僚、企劃負責人。做事做人要與人為
善。

C 太陽星：執掌光明、博愛。

紂王身邊仍有不少忠臣，有一位叫比干，常對紂王進
諫忠言。

卻被紂王認為是奸臣。比干為了表達忠心，親自剖開
胸脯，抓出一顆血淋淋的心，放在紂王面前。

在紂王面前說：「陛下如果不信任我，請看看我的

心！」

比干死了，比干的忠肝義膽，太白金星被感動，就把他的靈魂安置在太陽星，執掌天地間的光明正大。

為官祿宮主。（廟旺耀眼、觸目。落陷低調、沉潛）

太陽屬於支援型，代表正直、無私、博愛、慈祥、心地**光明磊落**、熱情無私，**博愛寬宏**，做事認真，喜歡表現，傾向於配合別人辦事。

擁有**熱**情豪爽，有**服務的心**，不拘小節，不計較，個性直接熱心，始終保持樂觀態度。

對愛面子逞強好勝、**急躁**、固執、有正義感，**主觀強**、有判斷是非善惡的能力，活潑好動，容易招搖。

具有領導、組織能力，據理力爭，**獨攬責任**，難免辛勞。

太陽坐命宮，有此一說，與六親較不密切，緣份較淡。

記憶方式：

諧音：太熱急躁逞強，陽光毒，剝心。

解釋：陽光（光明）毒（獨攬），剝（博愛）心（服務）。

情境描述：

太熱心，急躁又逞強，在太陽光很毒，剝心。

★簡記： 熱情博愛，服務心。逞強急躁，主觀強。

筆者心得：

太陽代表光、形象、群眾。精神上（ spirit，mind）在乎的事：不要給他沒有希望的感覺。物質上（material）在乎的事：不要令其掩蓋於陽光下，被騙的感覺。是官祿星，有貴氣，喜歡領導別人，強勢，會幫助弱勢，重面子，能照顧別人為弱勢團體發聲。

太陽急公好義，擁有貴人，但個性過於急躁，也會犯小人。

D 武曲星：執掌武勇、財富。

屬於領導型。

武王登基後，勤政愛民施行德政，壽終時，太白金星封他為執掌財富之神，並安置在武曲星。

武曲代表財富、毅力，**為財帛宮主**。屬於領導型，個性**剛**毅果決，重視**權**、錢、務實、**自**我要求高，**以身作則**工作積極吃苦耐勞，有行動、執行力，**勇於任事**、有鍥而不捨毅力，**負責盡職**，行事敏捷，擅長策劃和執行，**主觀意識強**、**孤僻獨斷獨行**，固執己見，不怕艱困，**處事欠缺圓融**，**勇於任事**有果斷的執行力。

武曲星也是寡宿星，理性重於感性，事業開創 OK，若遇煞星，不利婚姻。

記憶方式：
武，剛主以吃勇負。
曲，孤欠處自權。

24

諧音：

武剛煮了姨，吃了傭人服。

娶（曲）姑欠自處權。

情境描述：

武剛煮了姨，還吃了傭人服。娶姑姑沒了自處權力。

★**簡記：**剛毅負責，欠圓融。孤僻獨斷、要求高。

筆者心得：

武曲 代表財務、行動、金屬、強硬。精神上 (spirit，mind) 在乎的事：不要令其有放棄的想法，因為他需要不斷開發，沒事找事。物質上 (material) 在乎的事：物質有所缺。是財帛主個性強，控制慾，對數字敏銳，能勤奮工作，而非投機取巧，能文能武，個性上能吃苦。適合從事金錢數字，與人為善會更好。

E 天同星：執掌融合、溫順。

周朝能強盛是文王的功勞，死後，太白金星封文王為融合，安置在天同星。

為福德宮主，代表福氣，在命宮生性安逸，**處世隨和**為人溫和，容忍性大，樂觀活潑，**平易近人**、**知足常樂**，隨機應變，追求新願景。**不會爭權奪利**，不太會注重細節，得過且過，**缺乏幹勁**，無法獨自承擔責任，做事不積極，有勇無謀、大而化之，**想多做少**，**畏首畏尾**，漫不經心之人，不喜歡思索煩事。

具有少勞多獲的福氣，**貴人運強**，生活悠閒自在，有口福，較孩子氣，能在逆境中保持樂觀知足，懂得休閒及生活品質。

天同與煞星同宮，反而能激出天同星的開創與行動力，但會有福不能享受。大小限遇天同星凡事如意。

記憶方式：天，隨近足貴、不爭權。

同，缺勁畏首尾，感情用事，想多做少。

諧音：天雖金枝貴，同缺位敢想。

> **情境描述：**天同雖金枝貴，但缺幹勁畏首尾，感情用事，想多做少。

解釋：天雖（隨和）金（近人）枝（知足）貴（貴人），同缺（缺勁）位（畏首尾）敢（感情）想（想多）。

★簡記：天同隨和知足，不爭權。 缺乏幹勁，感情用事，想多做少，貴人強。

筆者心得：

天同表示情緒性、享樂、表面弱勢。精神上（spirit，mind）**注意的事：不喜被限制。**物質上（material）**在乎的事：沒有物質享受、精神空間生活。**重感情（親、友、愛），願意把歡樂帶給大家，適合服務業。喜歡團體式活動，人多熱鬧感。有惰性懶散，容易與人親近，但要注意溝通技巧。

F 廉貞星：執掌歪曲、邪惡。

紂王的奸臣費仲。討好紂王，爭權奪利，陷害忠良。

被姜尚斬首，太白金星就把這個奸臣費仲，安置在廉貞星，並封為邪惡之神。執掌了一切的歪曲。

為官祿主，在身宮、命宮為次桃花，表示公關交際。

主觀太強，事必躬親，**負責盡職**，知道禮儀與規範，心高氣傲，不容被挑戰，**一意孤行，自視過高**。

縝密內斂，**善觀察他人心理與言語**，積極進取，隨機應變，堅持自己的想法，**社交手腕靈活**，異性緣佳，擅長溝通，負責盡職，**見識不凡**，是非分明，**敢做敢當**，擅長溝通，忍耐力強，能在壓力下完成目標。

是亦正亦邪的星，**鋒芒太露，性急狂妄，情緒多變**，缺少自我，重大事情無法決定，善於察顏觀色，善於鑽營，會走門路，懂得經營人際關係，吉凶變化大。

重視隱私，以自我為中心，敏感，會為不明原因而痛

苦。不受拘束，懂應變，偶爾會遊走法律邊緣，出奇至勝。

人際較閉塞，廉貞星坐命易犯小人，是非也較多。

記憶方式：廉，社隨負，見是敢進。

貞，主心情，鋒狂孤。

諧音：廉社隨扈，見識勇敢，進取。

貞子心情，瘋狂孤。

> **情境描述：**
>
> 全聯社隨扈，見識敢進，貞子心緒，瘋狂哭。

解釋：全聯（廉）社（社交）隨（隨和）扈（負責），見（主見）識（自視），敢（敢當），進（進取）。 貞子（主觀）心（心高）情（情緒），瘋（鋒芒）狂（狂妄）孤（行）。

★簡記：廉貞，心高氣傲，盡職責。性急多變，鋒芒露。

筆者心得：

廉貞 表示「敏感」、「隱私」、「感情」、「血」。

在性格上十四主星中個性最傲，直覺十分強烈，對即將發生的事能事先察覺。**精神上**（ spirit，mind)：**不希望別人也和自己一樣**，**物質上**（ material ）：**偶爾也需要有社交生活，有保護色**。適合變動性質高的工作，工作能力強，認真拼命。重視面子，做事會自我要求。 會常在緊繃、壓力下做事。

注重紀律，廉貞要學多溝通，免得在職場上增加小人。

G 天府星：執掌才能、慈悲、豐富。

紂王皇后姜皇后，幫紂王把國家治理得很好。是位才能出眾的婦人，但被妲己所害。逝世後，太白金星就封她為才能的女神，並安置在天府星。姜皇后出身於富庶之鄉，對於國家的財政有貢獻。所以天府星除了才能，還掌豐富的物產。這顆天府星也是慈悲之星。

為財帛之主，個性穩重，有自己的目標，**心胸寬大**，

能平穩安定生活，慈悲心、熱情。

對自己要求高、有信心，**光芒不會外露**，自尊心較強，希能得他人肯定。

心地寬厚、不會強求不屬於自己東西。不拘小節、**天性樂觀**、**熱心助人**、不爭名利、按部就班，**自由愜意**。**大而化之**、**隨遇而安**、**缺少衝勁**、喜愛應酬、**欠缺魄力**、**耐性不足**。

天府坐命之人，很自負、有自信又現實，付出之時就想馬上求得回償。自己空間不喜歡他人侵入，會不自在、麻煩，天府具有節儉的個性。

記憶方式：天，心不熱，樂名愜。

府，大隨喜，耐衝魄。

諧音：天，心熱、不爭，樂觀愜意。

府，大隨喜，欠耐，衝破。

　　天天都熱心、不爭、樂觀愜意。府上大，喜應酬，人欠魄力、耐性、隨遇而安，少衝勁。

　　解釋：

　　天，心（心胸）熱（熱心）、不（光芒不露）爭（爭利），樂（樂觀）愜（愜意）。

　　府，大（大而化之）隨（隨遇）喜（應酬），欠（欠魄）耐（性）衝（衝勁）破（魄力）。

　　★簡記：

　　天府：寬大慈悲，芒不露。

　　樂觀愜意，少衝勁。

　　天府表示穩定，謹慎。

　　精神上 (spirit, mind) 要注意的事：不要太懶散。

　　物質上 (material) 在乎的事：斷炊、空無一物，會不安。

　　是為財帛星，喜歡積存錢財。

天府有財務會計的能力。賺錢運好，適合做金融，房地產。

天府具有節儉的個性。

會照顧別人。做事易反覆思考，有時容易不切實際。重感情，不喜歡與人爭執。

H 太陰星：執掌潔淨、住宅。

黃飛虎是紂王的忠臣，夫人賈夫人是位絕色美人。元旦，文武百官會攜眷向紂王拜年。拜完年，妲己將賈夫人挽留宮中，騙上皇宮裡的摘星樓，單獨和紂王在一起。為了躲避紂王的魔掌，從摘星樓上跳下而亡，太白金星封她為潔淨的女神。太陰之神執掌潔淨，居住在月宮，也成了執掌住宅的神。

為財帛主、田宅主是為財星。入命身，主快樂有享受，喜祿存同度及三台、八座助其光耀，少災難。

太陰在命宮內心細緻，**多愁善感，逃避現實**，缺少自

信，嘮叨而有點女性化，但心腸軟，待人接物和氣寬容，**個性溫和**，**外表平穩**，內心情緒起伏急躁不安，好人緣合群，**容易悲觀**，對自己沒有定位，沒魄力、依賴心強，善於保護自己。喜歡學習研究，處事平穩，**按部就班**。

個性謙虛，不喜歡和人爭執，重情感。但要小心受人欺騙。

太陰內向博愛，但容易在自己小世界龜縮，要學會放下顧忌。

太陰人命以夜生人及上半月生人較佳，日生人及下半月生人較差，

記憶方式： 太，和班，謙穩

陰，愁避悲 。

諧音：太和，搬遷穩。

陰仇必背。

情境描述：

太和氣，按部就班、謙虛、平穩，陰天時多愁善感，必會逃避、悲觀。

解釋：

太和（和氣），搬（按部就班）遷（謙虛）穩（平穩）。

陰仇（多愁）必（逃避）背（悲觀）。

★簡記： 太陰，多愁溫和，少自信。

謙虛依賴，處事平穩。

太陰 表示靜態、沉潛。

精神上 (spirit, mind) 注意的事：不要焦急、躁動。

物質上 (material) 注意的事：不要太多事，讓煩惱拋邊。

太陰重情，也在乎得到他人善意。與人之間情感，容易為小事而摩擦，情緒會不穩。若在團體中，有人跟自己不好，而心神不寧，最後放棄。

記得不用太在乎別人的好壞與看法，才不會影響到心情。

I 貪狼星：執掌慾望、物質。

妲己被姜尚抓去處以死刑。太白金星便把妲己安置在貪狼這一顆星上，封為慾望的女神。

貪狼星上聚集著狼羣，故住在貪狼星上的諸神，都無法跑到外面。

貪狼星對設計、藝術、審美觀、新奇的事物感興趣，有求好企圖，不喜墨守成規，**多才多藝**，**靈敏機巧**、**善於交際**、學習力強，愛刺激、挑戰，受人肯定能力，**得異性助利**。

開創型，多言語，善表演，表情豐富、好勝心強，貪多鶩得，想要追求的人、事、物、慾望會較強烈，會付諸實行，能準確得到成功，唯**缺少恆心**、**喜新厭舊**、**多學少精**、**野心大**、足智多謀。

較現實、八面玲瓏、圓滑、愛憎分明，以現實利益為先。

貪狼入命，大多數是內心剛烈堅強，外表豪爽，不肯認輸、不拘小節。**面對逆境能忍耐淡然**，一生的運勢多是大起大落，但**多彩多姿**。

記憶方式：貪，多靈交學，野彩異助。

狼，不缺喜，多忍精。

諧音：

貪多，教靈學，煮野菜。

狼不缺喜，多忍精。

情境描述：

貪，多才多藝，教交際靈學，煮野菜，智（多謀）。色狼不拘小節，少精、缺恆心、喜新，多忍耐。

解釋：

貪多（多才），教（交際）靈（靈敏）學（學習），煮（助力）野（野心）菜（多彩），智（多謀）。

狼不（不拘）缺（缺恆）喜（喜新），多（貪多鶩得）

忍（忍耐）精（少精）。

　　★簡記：貪狼：多才機靈，善交際。

　　　　　　現實圓滑，少恆心。

　　貪狼喜會火、鈴，見祿存或化祿，便成了「火貪格」
或「鈴貪格」的爆發格局，主得意外之財。

　　大限：活躍交際多。

　　流年：活躍交際，對新奇的事物會感到興趣。

　　筆者心得：

　　貪狼 代表活耀、交際多。

　　精神上 (spirit, mind) **在乎的事：不喜歡孤獨和等待。**

　　物質上 (material) **不喜歡的事，沒有競爭、挑戰對手
的環境。**

　　異性緣強，懂表現自己，喜歡新鮮的事物，個性好動，
學習能力廣，但不深入。

科技業、宗教、心理學，表演、藝術都適合。

需要專精、穩重及專注的耐力，若半途而廢，則難有成就。

J 巨門星：執掌疑惑、是非。

姜尚娶馬千金後，生活很潦倒。馬千金愛發牢騷罵丈夫，也不願做事，鬧著要離婚。姜尚當上朝廷大官，她悔不當初就自殺了。

太白金星帶著她升天，做了執掌搬弄是非、愛管閒事的婆婆神。安置在巨門星。巨星就像牌樓大門，張開大口大發牢騷之意。

巨門是顆暗星，是非之神，掌理是非與疑惑。**心思細膩**，擅長推理，能掌握資訊、分析、規劃，在人事物、地上讓自己受益。

耿直明快、**專心一意**、**理解力強**，聯想力豐富，理解

力強，直來直往能接受新的事物與觀念，恃才傲物常會被流言所苦，適合動腦與動口的行業。但多學少精，情緒化、不太合群難得助力，斷章取義，喜與人爭，給自己招來是非，又不易服人。

易犯小人，成功前會經歷慘澹日子，及一些無奈黑暗期。

有點神祕感，多疑善辯、善欺騙，也是甜言蜜語的高手。

於身宮、命宮較多猜疑、猶豫。不宜早婚，必須辛勤奮鬥後才能有所收穫。存錢得要借外力的幫助。會想的太多、做的少。

和巨門有關的石中隱玉、明珠出海，皆表示須一番努力等待後，在黑暗中摸索瞭解自己，破除心中黑暗，正視癥結問題，才會被挖掘。

記憶方式：巨，理專、耿心直。

門，恃傲疑、難助力與服人。

諧音：拒（巨）絕理專，心態耿直。

門市傲慢多懷疑、難助力與服人。

情境描述：拒絕理專，心耿直。門市恃才傲慢多疑、難有助力與說服人。

解釋：拒（巨）理（理解力）專（專心），心（心思）耿（耿直）直（直來往）。

門恃（恃才）傲（傲慢）疑（多疑）、難助力與服人。

★簡記：

巨門：耿直多是非，理解強。恃才傲疑，少助力。

筆者心得：

巨門代表口舌、是非、晦暗、思考。精神上(spirit, mind)：**在乎的事，沒有讓自己說話的場合。**物質上(material)：**不喜歡封閉的環境。**容易有口舌爭非，多疑、不服人，口才好。聰明、有能力、有創意，但對事情容易悲觀。

K 天相星：執掌慈愛、服務。

　　聞太師是紂王的忠臣，他戰死於沙場。太白金星把他的靈魂接引天界，並安置在天相星。

　　相貌端正斯文有禮、行事規矩，謹言慎行、謹慎踏實、負責、忠厚老實、說話誠實不虛偽，忠於自己的感覺，誠信有正義感、有惻隱之心，能設身處地為人著想。

　　性情溫和、樂於助人、服務熱心，喜歡幫助需要的人，優雅樂觀，喜調解紛爭與平衡心態，故給人穩定的感覺。

　　忠貞善良，溝通力強，人際和諧關係良好。唯意志不堅，不能堅持己見，粉飾太平，沒有自信，眼高手低，衝勁不足，故好管閒事又怕事，有時容易同流合汙。

　　不夠圓融，輕言允諾，虛榮心重，缺乏耐性，喜掌權又怕負責任，容易遠離層峰核心。

　　身宮、命宮，主人心性豪爽，貴氣，喜歡和平，有惻隱之心，也愛名譽與聲望，能犧牲小我為別人著想，寬厚

體貼，是理想的幕僚人才。

天相最會受外在環境而變化，需要常調整自己，保持內心平衡，最怕火星、鈴星。

大小限遇天相星主社交多。

記憶方式：

天，斯謹誠惻務。

相，志不堅、粉太平，眼高、輕諾，虛榮心、喜掌權。

諧音：天使近，乘車無。

想（相））製粉，眼睛虛。

> **情境描述：**
>
> 天使靠近，乘車務服務。 想製粉，眼睛虛。

解釋：天使（斯文）近（謹言），乘（誠實）車（惻隱）無。務（服務）。

想（相）製（意志）粉，眼（眼高）睛（輕諾）虛（虛榮）。

★簡記：

天相：惻隱踏實，服務心。 虛榮掌權，缺乏耐性。

筆者心得：

代表重覆、舊相識。

精神上 (spirit, mind) 注意的事：要培養穩定的個性。

物質上 (material) 在意的事：缺乏規矩、有秩序的環境。

天相的本質，有相輔相成，相得益彰，所謂的吉人天相。

心地善良，樂心助人，適合服務業。 幫助上司，成為輔佐性質的角色。

L 天梁星：執掌恆常、統帥。

周軍的元帥李天王，身經百戰依然存活。壽終就被封神，是個蔭星。

天梁星主福壽、貴、清高，是**父母宮主**。

成熟穩重、有機謀有口才，**思想超然**、正直、守法、**清高**，有理想和抱負，重視紀律，守規定，善惡分明**欠缺圓融**。**慈悲為懷**，**熱心公益**，會考慮社會大眾整體問題，有正義感，喜歡濟弱扶傾，**老氣橫秋**、愛管閒事、**太重面子**、**沒有定見**，遇事拖延懶散。

不喜歡名利權位，不喜歡和別人爭執。但會為不懂拒絕他人而讓自己痛苦。

天梁坐命，可得祖上庇蔭，具長輩緣，有貴人相助，遭遇困難能化解。心地善良，性情溫和，樂於助人，不善拒絕別人有事相求，任勞任怨，喜愛宗教哲理。會照顧別人，有正義感及宗教信仰。

天梁愛照顧人為孤獨星，六親緣易薄。

記憶方式：天，穩熱，清慈思。

梁，欠沒老面。

諧音：天溫熱，請辭思。娘欠沒老面。

> **情境描述：**天溫熱，思考請辭。老娘覺得老面沒了。

解釋：天溫（穩重）熱（熱心），請（清高）辭（慈悲）思（思想）。

娘（梁）欠（欠圓融）沒（沒定見）老（老氣）面（面子）。

★簡記：

天梁：成熟慈悲，守紀律。老氣重面，管閒事。

筆者心得：

天梁代表用孤、剋、刑、忌，有原則守紀律。**精神上**(spirit, mind) **注意的事：不要太操心、煩惱。物質上**(material) **注意的事：優渥、良好的物質生活，會令其心緒不寧。**善於思考，宗教、命理，喜愛耳提面命，諄諄教誨。為團體組織中的精神領袖。天梁重地位和面子，常表現出老大的樣子，較會傷害到周邊的人。跟天梁越有距離，越會覺得有親和力。

M 七殺星：執掌威嚴、激烈。

黃飛虎得知夫人身亡時，悲憤難當，舉旗造反，投效周軍。

七殺星屬於開創型的星座，能獨當一面，**有責任感，不拘小節，舉止大方，反應靈敏**，有領導力，能獨立決策，且能顧全大局，及做大事的擔當。

不善和人合作，但行動力強、**言出必行**並全力以赴，胸襟磊落，不畏挑戰，能獨自面對困難，承擔種種煎熬，無怨無悔。

擁有**衝鋒陷陣、冒險投機犯難**的特性，行事風格明快，乾淨俐落，但有時行動**急躁**，會過於**衝動，不計後果，喜怒無常**，易言語起衝突。

善於分析有遠見，懂佈局，凡事以遠見為指標。

七殺星具有冷靜的性格，堅毅安定，**豁達胸襟**，為實行意志，能忍受長期的孤獨，**但不能接受被人背叛**，會有

激烈報復的手段。

七殺星為將星喜歡獨坐，不需吉星，也不怕煞，能獨當一面，在人生旅途努力不懈，以致會安排計畫，直到目地達標。為大局想也會放下自己私利，責任感則造成孤獨原因之一。

在殺、破、狼格局中，有勇有謀，說到做到，言出必行，七殺星是有勇有謀的獨行俠。剛烈直爽坦白，非常自我、脾氣不好，揭人之短不留情面。被背叛，會以牙還牙。十四主星中個性最強。

大小限遇七殺星主事業變動。

記憶方式：七，胸不舉 反責言。

殺，急怒冒果衝。

諧音：七胸不舉反遮顏。

殺雞，貓怒狗衝。

情境描述：七個胸，反而不舉，遮顏。殺雞，貓怒狗衝。

解釋：七胸（胸襟磊落）不（不畏挑戰）舉（舉止大方）反（反應靈敏）責（有責任感）言（言出必行）。

殺急（急躁）怒（喜怒）冒（冒險）果（後果）衝（衝動）。

★簡記：七殺磊落責任，反應快。喜怒冒險，急躁衝。

筆者心得：

<mark>七殺</mark> 代表遇阻滯，喜獨立，認真。

<mark>精神上</mark>（spirit, mind）**在乎的事：不喜懶散。**

<mark>物質上</mark>（material）**不喜歡的事：瑣碎繁雜事情。**

化氣為將星，做事衝動拼命，易大起大落。異性緣旺盛，易吸引他人目光。不喜歡的事就直接表達，容易離鄉背井。

七殺也很適合做「動」的行業，國際貿易、物流業、交通業。七殺能力很強，但脾氣強，適合孤獨行事。

N 破軍星：執掌破損、消耗。

紂王死後，太白金星將他安置在破軍星，並封為執掌天下一切破損的神。

破軍積極，有向**前衝的勇氣**，**求**變、喜接受挑戰、能**吃苦耐勞、以身作則**，**勇於任事**及面對橫逆。剛硬坦直堅毅，佔有慾強，有主見、衝動，雖很有創意，但做事有頭無尾，**一意孤行**，思慮較不細膩，知善惡、敏捷。

有魄力，事必躬親，也會覺得孤立無援，自我、**喜新厭舊**，作風**我行我素**，**欠缺合作**，主觀意識強。較武斷、霸氣，**容易翻臉不認**，不適合守成，發生問題會逃避，不想面對。

在命宮、身宮，多主心情反覆不定，敢說敢做敢闖，有冒險患難精神，是理念和事業開創者。

破軍落天羅地網最佳。（辰宮與戌宮）

大小限遇破軍星主事業變動。

記憶方式：破，身求吃、勇善坦。

軍，我喜不、欠一翻。

諧音：婆（破）神求吃、用善毯。

今（軍）我不喜、欠一番。

情境描述：婆（神為了求吃、用三條毯子換。今天我老哥不喜、欠一番（次）。

解釋：婆（破）神（身體）求（求變）吃（吃苦）、用（勇於負責）善（知善惡）毯（坦率）。

今（軍）我（我行我素）哥（個性）不（不定）喜（喜新）、欠（欠合作）一 （以身作則）番（翻臉）。

★簡記：破軍求變吃苦、勇任事。

自我霸氣，不認人。

筆者心得：

破軍代表除舊佈新、倔強、起落大。

精神上注意的事：喜歡不斷迎接挑戰、太平衡會是精神上剋星。

　　物質上不喜歡的事：一成不變。

　　適合變動性行業，或破壞性工作，想法特殊，具有創新特質。

　　說話也比較直接，溝通容易產生代溝，需注意與人談話方式，在工作上將會有更多的貴人。

紫微斗數的百多顆星曜

　　紫微斗數的星曜共一百多顆，紫微天府星系共十四顆為最重要的主星，分為甲、乙、丙、丁、戊級。

　　論命時，以甲級星為依據，乙級為輔。

　　丙級以下在命盤影響不大。但在大限、運、流年則起大作用。

紫微斗數命盤的
南斗、北斗、六吉、煞星介紹

1. 北斗星系

主星：

紫微星，廉貞星，武曲星，破軍星、貪狼星，巨門星、文曲星、祿存星。

記憶方式：

紫貪巨祿，文廉武破 。

(豬貪巨鹿，吻臉巫婆)

★諧音記憶：豬貪吃巨鹿，只好吻巫婆的臉。

助星：

左輔星、右弼星、擎羊星、陀羅星

記憶方式：**左 右 羊、陀**

★**諧音記憶：**（左是羊， 右是駱駝。）

2. 南斗星系

主星：

天府星，天相星，七殺星，天機星，天同星，天梁星，

文昌。

記憶方式：

府梁，機同相，殺，昌。

（府涼，乩童想，殺，藏。）

★**諧音記憶：**府很涼，乩童肖想，殺了，藏起來。

助星：

天魁星、天鉞星、火星、鈴星。

記憶方式：

鬼月，火您

★**諧音記憶：**鬼月火，您？????

3. 中天星系

`太陽、太陰` 為首等 32 顆星

記憶方式：陰陽為明。

> 19 顆中天吉星：
>
> 太陽、太陰、化祿、化權、化科、天馬、天福、天官、天才、天壽、天喜、天貴、三台、八座、台輔、封誥、龍池、鳳閣、恩光。

(後面章節另述，參閱 P.82 - 96)

13 顆中天凶星：

地空、地劫、化忌、空亡、孤辰、寡宿、天使、天傷、天哭、天虛、天姚、天刑、華蓋。

(後面章節另述，參閱 P. 82 - 96)

4. 紫微斗數命盤的六吉星

> 左輔星、右弼星、文昌星、
>
> 文曲星、天魁星、天鉞星

記憶方式：

鬼月唱起復辟。

★**諧音記憶：**(鬼月，唱起復辟計畫。)

5. 紫微斗數命盤的六煞星

> 火星、 鈴星 、擎羊星、
>
> 地空星、陀羅星、地劫星。

記憶方式：空姐偷羊，火您。

★**諧音記憶：**(漂亮空姐偷羊，火了您。)

6. 紫微斗數命盤的四化星

a. 化祿星

b. 化權星

c. 化科星

d. 化忌星

記憶方式：路權，科技

7. 紫微斗數命盤的其他甲級星

天馬星，祿存星。

★**記憶方式：**馬路。

紫微星系：

紫微、天機、太陽、武曲、天同、廉貞

★**諧音：**子雞，養五天，廉。

58

安紫微星系：紫微，天機逆行，空一格 太陽，武曲，

天同，空二格是 廉貞。

記憶方式：仔雞，逆行空一，養五天，空二廉。

(逆時針排法) 廉貞 __ __ 天同、武曲、太陽 __ 天機、

紫微。

★**諧音記憶：**

子雞，倒著走，停一下，再養五天，停二下，廉（廉

價）。

天府星系：

天府、太陰、貪狼、巨門、天相、天梁、

七殺、破軍。

安天府星系：

天府、太陰、 貪狼、 巨門、 天相、

天梁、七殺、空三格 破軍

記憶方式：府太貪， 巨相梁，殺， 空三是破軍。

府太貪，巨商量，七殺 空三是破軍。

六吉助星簡介：

左輔星、右弼星、文昌星、文曲星、天魁星、

天鉞星。

記憶方式：鬼月，唱起復辟。

PS：

命宮的三方四正，六吉星越多，人生雖較順利，行運穩定，有事發生結局也會沒事。但依然得要努力，掌握好天時地利，創造精彩自己。倘好逸惡勞，不想衝刺，仍只是個 nobody，一世無成。

　　三方四正，六煞星雖多，行運是會較動盪，但只要努力、有衝勁、謹慎行事 (言語、行為)，成為 somebody 的機會更大。

六吉星簡介

A. **左輔星** (陽)：左輔星代表有助力、有貴人幫忙，有支撐力量，能傾聽，不知不覺也幫助他人，或成為別人的助力。

B. **右弼星** (陰)：右弼星，是輔助之星，能為他人出意見，也能真心關心和幫助。右弼星具有善解人意特質，異性緣多。

C. **文昌星** (陽)：主科甲，利於讀書、文字、考試、學習事物、功名、名聲，較偏向學術與文學。

D. **文曲星** (陰)：主科甲。偏重語言、表達能力、文藝才華、戲曲、技藝，可讓主星多添些藝術性的氣質。

E. **天魁星**(陽): 天魁星又名天乙貴人，是貴人星，直接助力，提攜是熟識或不認識都有機率得到他們幫助。

F. **天鉞星**: 天鉞星又名玉堂貴人。天鉞偏向陰性(暗助)，或直接或間接的貴人。

左輔、右弼落於命宮為大富。天鉞、天魁、落於命宮為大貴。

文昌、文曲落於命宮為讀書運佳、手藝巧，有社會地位。(參考即可)

六煞星簡介：

鈴星、火星、地空星、地劫星、擎羊星、陀羅星。

★記憶方式：空、劫、陀、羊，火、鈴。

(空姐偷羊，火您。)

A. **地劫**: 就是變，不知不覺地變，變成功或失敗，還是

要求新求變,different strokes for different folks,對一些需要創新求變,未必是不好。但財帛宮和命宮較不OK。有一說地劫入了命宮人會有消極、悲觀、失意,略有神經質。(參考即可)

B **地空星**:也是變,變在自己的領域上,天馬行空超現實的遨遊,異想天開,不畏挫折,揮霍,靈感佳。

於命宮、身宮,個性較獨特,性格多變,點子多,喜歡幻想、自尋煩惱、奔波。不可過份投機。(參考即可)

大小限遇地空星小心錢財使用。

a. **鈴星**:五行屬陰火,鈴星是悶著的火頑強持續不穩定,作用不明顯但有延展性,也較情緒化、為暗箭,對命運之挫折坎坷或小人不易看到。

b. **火星**:五行屬陽火,熊熊大火,來得急去得快,殺傷力大,火星不具持續力。膽識大遇到靜態、保守主星給予動力。

火星與擎羊是為明槍。

c **擎羊**：主激發、衝動及爆發力、殺傷力。與陀羅只相隔一格，擎羊、陀螺、火星、鈴星四煞中是最有殺傷力。有刑剋之意，若命宮有擎羊，性情較為剛烈的意思。子女宮有擎羊，子女會較有個性、較難溝通。

命宮有擎羊的話，要善待別人，得理要饒人（剛烈性格會引來凶險）。遷移宮有擎羊，代表外面凶險多，反而比較凶。

如果遷移宮有擎羊：出入細心一點、要懂得「明哲保身」、不去是非多的環境、不接觸脾氣或不好的人，也就 OK。(當參考)

d **陀羅**：原地轉動為拖延暗星代表阻礙與拖延，擎羊若是為明槍，陀羅為暗箭。大小限遇陀羅星，事業宜保守。(有此說法，當參考)

廉貞與火星相會時，當事者會有想不開的異常衝動，情緒心性起伏大，容易因感情及情慾的衝動產生懊悔

糾葛。(有此說法,當參考)

遇火星、天刑於田宅宮,居家須格外小心燭火安全。

(有此說法,當參考)

PS:

六煞星越多,人生雖較多挑戰,但經過歷練,人生會更精彩。

過多困難與挫折,卻也容易思緒混亂與不安,try you best be calm,盡量讓自己安靜,多讀書充電,運可轉危為安。

3

紫微四化星與
天干四化記憶方式

　　四化是化科、化權、化祿、化忌，依照生年年干而定，用來推斷先天命格。

　　若以十二宮（**命、兄、夫、子、財、疾、遷、部（交友）、事、田、福、父**）天干排出的宮干四化化出化入，即是各宮天干四化，代表後天關聯的四化。

記憶方式： **路權，科技**

a. **化祿（財祿）**：化祿代表豐富、生發、好事、忙碌、人緣、財祿，在命宮有化祿的人，好相處，較能用圓滑與人溝通。

b. **化科（科名）**：代表貴人、聲譽、學術、理智，在命宮會顯得有質感，會顯出高貴與清新脫俗氣質。

c. **化權（權力）:** 代表成長、壯盛、積極、強硬、行動、衝突、主導、成就、才幹、負責、開創。在命宮,會有強勢氣勢,情緒容易不穩定。(要放開心胸,才有善緣)

d. **化忌（是非）:** 忌是執念、阻礙、損失、變動、災厄,付出。多忌必生苦悶,代表結束、收藏、緣滅、管束或轉機。

	天干四化	化祿	化權	化科	化忌
1	甲	廉貞	破軍	武曲	太陽
2	乙	天機	天梁	紫微	太陰
3	丙	天同	天機	文昌	廉貞
4	丁	太陰	天同	天機	巨門
5	戊	貪狼	太陰	右弼	天機
6	己	武曲	貪狼	天梁	文曲
7	庚	太陽	武曲	太陰	天同
8	辛	巨門	太陽	文曲	文昌
9	壬	天梁	紫微	左輔	武曲
10	癸	破軍	巨門	太陰	貪狼

四化特質：

1. 生年干四化表示先天命格局。

2. 命宮干四化表示後天行運。

PS: 務必熟背，方能看命盤

天干四化表記憶方式

甲天干四化：

化祿：廉貞，**化權**：破軍，**化科**：武曲，**化忌**：太陽。

記憶方式：甲：連（廉）破五（武）太。

★**解釋：** （甲先生連破紀錄，娶了五個太太。）

1. **化祿：** 廉貞，主感情、隱私，化祿廉貞心情好，不被
   侵犯。主血，因血緣帶來好事。

2. **化權：** 破軍化權，權力增大。起落雖大，但會 under

you control(能掌握) 除舊佈新，創新。

3. **化科：**武曲，主金屬、行動順利、有勇有謀，或得財。

4. **化忌：**太陽，主群眾、光，亦主心、眼、頭這類疾病，居於六親位主男性。

乙天干四化：

化祿：天機，**化權：**天梁，**化科：**紫微，**化忌：**太陰。

記憶方式：乙：激（機）娘（梁）子陰。

★**解釋：**（乙為了激怒娘子，耍盡陰謀。）

化祿：天機化祿，主計畫、變動，因化祿腦筋聰明、有智慧、順利、得利益、得長輩緣。「與太陰化忌同宮」仍得小心，避免算計。

化權：天梁化權，主孤剋刑忌，守原則紀律、喜掌權、

愛管閒事、能說善道，領導大眾、晚年喜歡進修。

化科：紫微化科，重心人物，出外得貴、健康有貴人，晚年有兒孫陪伴，或某方面的出名或領導性。

化忌：太陰化忌，勞多獲少，創業無力，投資損財，注意眼睛，或因女性帶來不利、操勞，晚年較孤僻。

丙天干四化：

化祿：天同，**化權：**天機，**化科：**文昌，**化忌：**廉貞。

> **記憶方式：** 丙：同機艙（昌）廉。

★解釋：（丙想和朋友坐同一個機艙比較便宜。）

化祿：天同，主享樂（小心懶散）、福氣、白手起家，

廣結善緣，可利用享樂或服務性輕鬆進財，懂生活、長壽有福可享。

化權：天機主愛移動，但管理能力佳，有計畫謀略，懂精打細算，穩定和執行，可交到智慧、有權勢的朋友。

化科：文昌主學術、表達能力。化科的文昌這方面表現會更好。

化忌：廉貞主血、感情(小心損友)波折，血光之災(意外)，或感情受損，或桃色官非、損財。

丁天干四化：

化祿：太陰，**化權：**天同，**化科：**天機，**化忌：**巨門。

記憶方式：丁：印（陰）同機，拒（巨）。

★**解釋：** （丁先生想印同樣機票被拒。）

化祿：太陰，是財庫、安逸。得賢良老婆，嫁貴夫，

有人緣，有機會買不動產，心地光明，正面思
考，得配偶或女性貴人之助。未知下帶來利益，
與母親緣較深厚。

化權：天同，能激發幹勁，喜歡享樂，財運好，可享
其成，朋友多，可靠人脈關係創業，養生有道，
長壽。

化科：天機，善學術研究，靈活，智慧，善動腦筋，
為企劃高手，晚年有機會接觸宗教，主計畫成
名，或變動而有好的結果。

化忌：巨門，官非口舌是非，愛管閒事，家庭變動，
人事糾紛起衝突，晚年飲食要清淡，忌吃油膩，
避免引發暗疾。

戊天干四化：

化祿：貪狼，**化權：**太陰，**化科：**右弼，**化忌：**天機。

記憶方式：戊：貪銀（陰）幣（弼）機。

★解釋：（不要貪圖賺銀幣機會。）

化祿： 貪狼，懂社交、桃花又主聰明，有偏財運，得利主暗財、有異性緣，喜投機財，得異性之助，喜購買豪華不動產，主長壽。

化權： 太陰，得女性支持、有財權。男主享受，女主能交際，或配偶能幹。創業男靠女得財，女命主可創業。得異性朋友之助。太陰為田宅主，適合經營不動產，晚年有異性緣。

化科： 右弼，貴人幫助而成名。

化忌： 天機，變動計劃失敗、驚慌或鑽牛角尖，勞心勞力，固執，思想特異，有溝通問題。頭疾，交通事故，注意權謀較深的朋友，不宜從事機械或需要動腦事業，晚年易憂鬱，宜有宗教信仰。

己天干四化：

化祿：武曲，**化權**：貪狼，**化科**：天梁，**化忌**：文曲。

> **記憶方式：** 己：勿貪兩（梁）妻（曲）。

★**解釋**：（自己不要貪圖有兩個妻子。）

化祿：武曲，為正財，從商者可吉利、富貴，個性強，能力高，一生不欠錢財，可從事與金融有關的工作。晚年不缺錢財。

化權：貪狼，交際手腕好，有作為、有辯才可掌權。主創業，可得橫財，主晚年有口福。

化科：天梁，若是有驚也會無險，挑剔老氣橫秋性質加重優，天梁化科入命，宜從事研究及深奧理論之行業，要精益求精，否則會有言過其實。能得長輩之助。

化忌：文曲，承諾不算數，欺騙、表達出問題。

庚天干四化：

化祿：太陽，**化權**：武曲，**化科**：太陰，**化忌**：天同

記憶方式：庚：羊（陽）勿（武）硬（陰）捅（同）。

★**解釋：**（更年期的羊，不要硬捅。）

化祿：太陽，因光、群眾、男性得利。廟旺太陽表面得利，落陷太陽暗中獲財。但為人海派，應量入為出。心地光明，喜交際應酬，主晚年樂觀安於生活。

化權：武曲，掌控實權、財權。有獨當一面，獨挑大樑之才，可往武職方面。不喜入疾厄宮（體質差）。容易交到金融商界朋友，或工作於金融業。主晚年掌財，是小氣財神。

化科：太陰，暗中資助財，或女性友人而成名，文采豐富，男命會帶有脂粉氣，配偶溫柔體貼，會留遺產給子女，適合賺女人錢，得女性友人關

心健康，指得異性朋友之助。晚年有異性緣。

化忌：天同，有福享不到，不愛工作，多操心。化忌
會造成人緣不佳，工作懶散，行運逢之，會錯
失機會。主夫妻感情不協調。本人或子女喜勞
碌。賺錢不易。膀胱腎臟有問題。女性主經期
不調。出外常有協調不良之事，禍及自己傷感
情或是在享樂中出事造成損失，晚年多病，會
因酒肉朋友而損財。

辛天干四化：

化祿：巨門，**化權**：太陽，**化科**：文曲，**化忌**：文昌。

記憶方式：辛：拒（巨）養（陽）取（曲）常（昌）。

★解釋：　（辛苦人，要拒絕養，取求經常的人。）

化祿：巨門，口才好喜交朋友，需靠口才入財，主有
口福，喜應酬，小心酒肉朋友。宮位吉時因晦

暗、口舌得利。宮位差時因晦暗、口舌得弊。
與父母很有話說。

化權：太陽，得群眾、男性友人得到權力。主剛強，
創業，固執，男命主創業，能發展掌實權。女
命可靠男性顧客進財。易交到老闆或主管的朋
友助力。主有老闆格，為人海派，女命有男人
之志，可從事政治。主晚年樂觀安於生活。

化科：文曲，表達力強，因其他雜技藝得到功名。

化忌：文昌，表達力失誤、罷工、解雇、合約糾紛。

壬天干四化：

化祿：天梁，化權：紫微，化科：左輔，化忌：武曲。

記憶方式：任：娘（梁）子（紫）夫（輔）侮（武）。

★解釋：（忍娘子被丈夫欺侮。）

化祿：天梁，逢凶化吉，能言善道，可解災厄，又主福壽。指配偶多蔭，得老婆娘家之助，女在工作得異性長輩關愛，子女有長輩緣，應對得體。老成深重，不可過於倚老賣老。容易得到位高權重朋友之助。

化權：紫微，領導、指揮加強，主能力強，大權在握，若會左輔右弼，局面更大。得一個賢淑的妻子，對健康過於敏銳，出外得貴，受扶持，可名利雙收，容易交到公務軍警界的朋友。入官祿宮，可掌實權，升遷機會大，入官祿宮，宮位吉時，大權在握，宮位差時偏激。

化科：左輔，因貴人相助，揚名。

化忌：武曲，武曲為財星，化忌指破財。主體質差，注意肺部方面、金屬傷害。對感情過於執著強勢，會有晚婚、不婚之事。出外助力少，靠自己賺錢，小心為別人耗財，尤其損友。在生意

上可能會有資金問題，或是部屬問題。晚年多
疑。

癸天干四化：

化祿：破軍，**化權：**巨門，**化科：**太陰，**化忌：**貪狼。

記憶方式：馗：破踞（巨）陰狼（狼）。

★解釋： 鍾馗能破踞陰狼。

化祿：破軍，多花費，變動，易有得助力。戀情精彩，
晚婚為宜。喜享受，花錢需節制。有人緣，交
友滿天下。在激烈競爭之事業，更容易勝出。
主容易衝動擁有大房子，需注意是否有足夠預
算。除舊佈新得利。

化權：巨門，動則有利，開口得財，須適時得理饒人。
好爭辯。競爭得財，應以和為貴。說話有份量。
主晚年放不下名利，過份執著。宮位吉時，有

說服力、心細。宮位差時,欺騙、口舌。

化科: 太陰,因女性或財務助力下成名。長相清秀,
文采豐富,適合賺女人錢,男主得配偶之助進
財。主喜歡浪漫的家庭環境,晚年有異性緣。

化忌: 貪狼:貪狼慾望無窮,空想不切實際,貪狼化
忌喜玄學。 暗財、偏財。主錢財不順或桃花損
財,晚年注意腎疾、陽痿,女命注意婦科。

紫微斗數輔級吉、凶星，長生、博士、流年吉、凶星介紹記憶方式

紫微斗數輔星

輔星★諧音記憶方式：

三八龍鳳，在颳風天，去亂喜神。無德姊。

有官、有壽、有福、有才、知恩，是福貴。

吉星：

1. **三台星**：正直、喜助人、努力、人品好、有榮譽感，受人肯定。

2. **八座星**：樂觀、喜歡宗教、穩定。

3. **龍池星**：有內涵、自重，能知恩圖報、規矩懂理，主

貴。

4. **鳳閣星**：重視穿著，有美感、高貴、口福。

（三八龍鳳）

5. **封誥星**：有智慧、穩重、聰明。

6. **天貴星**：有自信、誠實守信、重言諾

（颱風天）

7. **紅鸞星**：人緣、魅力、喜事。

8. **天喜星**：主動、活潑、愛交際。

（亂喜神）

9. **天巫星**：上天賞賜、提升、有宗教信仰。

10. **天德星**：表示吉祥、有正義感、為人主動。

11. **解神星**：表示消災、第六感強。

12. **月德星：**祥和、心地善良、具有包容性。

（無德姊）

13. **天官星：**利於官職，保守、缺少魄力、表徵官貴。

14. **天福星：**歡喜助人、有錢及福氣，反應快。

15. **天才星：**聰明、直覺、有才華，能將聰明才華運用在生活中。

16. **天壽星：**生活不容易絕望、長壽、老成穩重、理性重於感性，與世無爭。

17. **恩光星：**能惜福、感恩，有親和力、多才多藝、心地光明磊落，能看到別人優點。

（有官、有壽、有才、知恩，是福）

凶星：

★★諧音記憶：空虛憂傷的天使，傻哭。

趁醒，搖池蓋，剟（寡）

天空星：孤獨、對錢財較不在意，有創造力、想像力
靈感。

天虛星：飄浮不定、喜歡安逸清淨。

天傷星：虛耗、破敗。(在交友宮)

天使星：災病。(在疾厄宮)

★諧音記憶：（空虛憂傷的天使。）

陰煞星：小人星、易遇小人，疑心善妒、心情陰鬱謹
慎，在命宮易被人攪亂生變化。

天哭星：表消極、喪志、失望、不如意。做人重義、
做事有原則。

★諧音記憶：（傻哭。）

孤辰星：個性執著、固執、獨立、孤獨，在命宮較六
親緣薄。

天刑星：孤傲、不認同自己，在命宮會約束自己，忙

碌、有才幹，自主性強，有正義感和勇氣，
也有暴力傾向。

天姚星：桃花星、有氣質、人緣佳、反應快、善交際、
吸引異性，有獨特品味。

咸池星：桃花星、有人緣、善交際、協調、容易親近
異性。

華蓋星：孤傲、清高、對宗教數術有興趣。

寡宿星：為人個性固執、孤獨、不喜與人接觸、多疑、
甘於平淡、守本分。

★諧音記憶： （ 趁醒，搖池蓋，剮（寡））

長生十二神

★諧音記憶方式：長生帝旺胎，臨官冠帶養。

（常生帝王胎，您管、灌帶養。）

長生：生發、自信、生命力強、毅力、有主見、剛愎

自用，表示發展、人緣好，不喜空亡同宮。

帝旺：獨立、茁壯、喜慶、識大體、光明磊落、領導、

自尊自傲、有野心。

胎：喜氣、希望、孕育、豐藏、樂觀、助人、主喜。

★記憶方式： **常生帝王胎。**

臨官：喜慶星、官貴、聰明、求變與新、桃花。

冠帶：喜慶星、聰明好學、獨立自由、好勝積極、一

意孤行。

養：發展成長、敦厚穩重、圓融、主觀、固執守舊、

任勞任怨、易滿足現狀。

★記憶方式： **您管、灌帶養。**

凶星：

★譜音記憶方式： 衰木病死，絕。

衰：沉悶、頹廢、衰弱、生活無趣、溫和、沉悶。

墓：是庫，收藏、頑固、守成、呆滯不知變通、孤獨。

★記憶方式： （衰木。）

病： 消極、耗損、虛弱、疾病、思慮多、疑心強、
喜幻想。

死：靜止 內向、保守、消極、自尋煩惱、優柔寡斷。

★記憶方式： （病死。）

絕：滅絕、 浮沉多變、想法獨特、喜新厭舊、創意
多、衝動、孤僻、易受騙。

博士十二神

吉星：

博士、力士、青龍、將軍，喜神、奏書。

喜神：喜事、吉慶、延續。

博士：聰慧、才能、權貴、如意、長壽。

奏書：福氣、文書、官祿、喜事、文筆，有寫作興趣。

力士：權力、勢力、統御力。

青龍：有財、進財、機變、喜氣。

將軍：威武、剛暴、敢衝、得意、勇敢。

★諧音記憶方式： （洗腎博士揍力士、青龍將軍。）

凶星：

大、小耗、病符、伏兵，沐浴、飛廉、官府、截路。

★諧音記憶方式：　沐飛官姊夫，大小號病。

沐浴：桃花星、體貼、優柔寡斷、浪漫。

飛廉：小人、是非、孤剋。

官府：官非、刑訟、是非。

截路：阻礙、多變、機敏。

伏兵：是非、口舌、隱瞞、私藏。

（　沐飛官姊夫　）

病符：災害、疾病、阻礙。

小耗：失財、失物、耗財。

大耗：消耗、失財、破敗、敗產

（　大小號病　）

流年星

吉星：

將星：得意、權威、武勇、貴氣。

攀鞍：功名、威武、貴氣。

歲驛：移動、忙碌、遷移、奔走、遠行。

龍德：趨吉避凶、化解、貴人。

記憶方式：潘安(攀鞍)將軍，睡意(歲驛) 濃得(龍德)

解釋：將星潘安，睡意濃得很。

凶星：大耗、小耗、病符、晦氣、喪門、亡神、指背、
天煞、月煞、災煞、貫索、吊客、歲建、息神、
白虎、官符。

★諧音記憶方式： （大小病、會傷亡。指天月，災
煞。關掉睡死 (息) 虎官。）

大耗：消耗、失財、破敗。

小耗：失財、失物、耗財。

病符：災害、疾病、阻礙。

★（大小病）

晦氣：不順、消沉、動輒得咎。

喪門：喪亡、虛驚、驚嚇。

亡神：表示破財、敗壞、遺失財物。

★（會傷亡）

指背：是非、背後指點、中傷、誹謗。

天煞：橫禍、受騙。

月煞：小人，象徵剋母、妻。

災煞：天災、地變、破財、有小人。

★（指天月，災煞）

貫索：官非、興訟、災難、牢獄之災。

弔客：不順利、吊喪。

歲建：表示 禍、成敗、凶、災。

息神：消極、靜止、沉悶、無生氣、頹喪。

白虎：刑傷、官非、興訟。

官符：官非、興訟。

★（關掉睡死（息）虎官）

紫微斗數丙丁戊級特殊屬性分野

特殊屬性丙丁戊級星：

諧音：記憶方式：

桃紅喜炫耀。刻（尅）孤寡刑。恩跪（貴）在38台扶棺。

藝人龍鳳才。聲（神）音虛偽，發破褲。

小（消）姐的夜。見（健）死傷手。似（賜）乎。（空）空尋姊。大小號。

情境描述：桃紅小姐喜歡炫耀。有刻孤寡刑命。跪在38台扶棺木。

藝人龍鳳才。發出音虛偽聲音，在發破褲。小姐的夜。見死傷手。

似乎。尋空姊，大小號。

一、桃花星：紅鸞、天喜、天姚、咸池。

★**記憶方式：** （桃紅，喜炫耀。）

二、**孤剋星：** 孤臣、寡宿、天刑。

★**記憶方式：** 剋；孤寡刑。

（刻，孤寡刑）

三、**貴人星：** 三台、八座、台輔、恩光、天貴、

天官（命事財）、天福

★**記憶方式：** （恩跪（貴）在 38 台扶棺。）

四、**才藝：** 龍池、鳳閣、天才。

★**記憶方式：** （藝，龍鳳才。）

五、**精神：** 天哭、天虛、破碎、斐廉 華蓋、陰煞

★**記憶方式：** （聲（神）音虛偽，發破褲。）

六、消災：解神、天德、月德。

> **★記憶方式**：小 (消) 姐的 (天德) 夜 (月德) 。
>
> (小姐的夜)

七、健康：天壽、傷官、天使、天月 。

> **★記憶方式**： (見 (健) 死傷手耶) 。)

八、賞賜：天巫

> **★記憶方式**：似乎。

九、空曜：天空、旬空、截空、大耗、小耗。

> **★記憶方式**： (空空尋姊，大小號。)

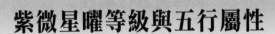

5

紫微星曜等級與五行屬性

紫微星曜發揮能量等級：廟、旺、平、利（地）、陷。

（廟最好，旺次好、平中等、利（地）不好不壞，陷最不好。）

若以數字評斷顯示：廟最好 (3)，旺次好 (2)、平中等、利（地）不好不壞 (1)，陷最不好 (0)。

★**諧音記憶方式：**廟旺，平地，陷。

情境描述：廟很旺，但平地，卻陷下去。

PS：

1. 星能量等級說法不一，以上僅供參考。

2. 廟、旺、得、利、平、不、陷，也有一說。

紫微星五行屬性：

金：殺、武、昌、(貪)。

木：機，(貪)。

水：陰、曲、弼、相、同、巨、破。

火：陽、火、鈴、廉、劫、羊、陀、空。

土：紫、府、祿、輔、梁。

★**記憶方式**：a. 紫府土樑(梁)，福(輔)祿，郎(狼)

積(機)**木**。

(紫府土涼，福祿，郎積木)

b. 武昌殺，貪**金**。

c. 取(曲)相同陰幣(弼)，具(巨)破**水**。

(取相同陰幣，具破水)

d. 空姊(劫)偷(陀)陽羊，**火**你(鈴)。

(空姊偷陽羊，火您)

十四主星五行説明

紫微：陰土，化氣為貴，官祿主。(紫，相，陽)

天府：陽土，化氣為能，財帛、田宅主。(武，府，陰)

天梁：陽土，化氣為蔭，主壽，解厄。

貪狼：陰木，主桃花、禍福。

天機：陽木，主善良、兄弟。

★記憶方式：紫府土梁，狼機**木**。

解釋：紫府的陰、陽土很涼，娘 (玩的台語) 積木。

巨門：陰水，化氣為暗，主是非。

天相：陽水，化氣為印，官祿主，可制廉貞之邪。

天同：陽水，化氣為福，福德主，解厄。

破軍：陰水，化氣為耗損，主禍福，夫妻、子女、奴僕。

太陰：陰水，化氣暗富，為母、妻、女，財帛、田宅主。

★**記憶方式：**相同（陽），巨破陰**水**。

解釋：相同皆屬（陽水），巨破陰，陰水。

武曲：陰金，化氣財，主財帛。

七殺：陽金，化氣將星，主肅殺。

廉貞：陰火，化氣自囚，在命身為次桃花，在官祿為
官祿主。

太陽：陽火，化氣陽貴，官祿主，為父、夫、子。

★**記憶方式：**廉太火，殺武**金**。

解釋：（陰陽）廉太火了，殺進（陽陰）五金行。

情境描述：陰陽不調的廉太火了，殺進養鸚鵡的五金
行。

六吉星五行

祿存：陰土，化為財祿，主貴、壽、解厄。

左輔：陽土，化為明助。

右弼：陰水，化氣暗助。

天魁：陽火，化為陽貴。

天鉞：陰火，化為陰貴。

文昌：陽金，化氣科名。

文曲：陰水，化氣科名、舌辯。

★記憶方式：魁鉞陽陰**火**，祿輔陰陽**土**，昌陽**金**、曲

陰**水**。

諧音：(鬼月火，虎、鹿在土地，經常取水。)

解釋：在鬼月有火光，發現虎、鹿在土地上經常取水。

六煞星五行

擎羊：陽金（火），化氣刑，主刑傷。

陀羅：陰金化氣忌，主是非。

火星：陽火，化氣殺，主性剛。

鈴星：陰火，化氣耗，主性烈。

地劫：陽火，化氣劫，主破失、表得失。

地空：陰火，化氣空，主多災、表空性。

★記憶方式：擎羊、陀羅：陰、陽金，

地空、地劫、火星、鈴星：陰陽火。

諧音：羊、陀陰、陽金，空、姊、火您陰陽火。

> **解釋**：羊陀引羊近，陰陽空姊、火您陽陰火。

紫微斗數十二宮位
解析記憶方式

　　一個命盤有十二個宮位，由命宮開始，逆時針方向依序為：命宮、兄弟宮、夫妻宮、子女宮、財帛宮、疾厄宮、遷移宮、交友宮（部屬宮）、官祿宮（事業宮）、田宅宮、福德宮、父母宮。

　　諧音：兇夫子，才急遷，不是田福父，命。

> **解釋：**（遇到兇夫子，才急著遷，不是田福父的命。）

十二宮位解析

1. 命宮（Self- Palace）：

Life palace is in the most important in the twelve palaces., observe the character, appearance, talent or potential.

　　由命宮諸星中，來判斷與生俱來的內在個性、志向、人格特質、優缺點、天賦才能，以及外在的相貌、行為舉止、對人事物的反應。與遷移宮互為對宮。

　　必須兼看「遷移宮」、「財帛宮」、「官祿宮」、「福德宮」，可判斷人的先天命運、適合職業、事業成就、社交能力、經濟財富等。

男命，先看命、身宮，再看財帛、官祿、遷移。

★記憶方式：（男先看命、身，再看官、財、遷。）

解釋：先看男的身命（身體的台語），再看錢財。

女命，先看命、身宮，再福德、夫妻、子女、財帛、田宅。

★記憶方式：（女先看命、身，再看夫、子、福、財、田。）

解釋：先看女的身命（身體的台語），再看夫、子，

104

有福、財、田。

命運的吉凶，取決於大限與流年，生活情況，交織成不同境況。

知命外，運用讀書運動、修身養性等方法來趨吉避凶。

PS: 若有桃花、刑、煞星在敗、絕、空、亡地為吉。

以上來自先賢，筆者整理僅供參考

2. 兄弟宮（Siblings Palace）：

Harmonious(get along well) with siblings or abundant helps from siblings or not sounding pleasant together.

代表自己與兄弟手足關係，或與平輩的關係。與交友宮相對，也影響自己的人際關係。兄弟宮是田宅宮的財帛位，也影響購屋或置產。

以下來自紫微先賢，筆者整理僅供參考。

PS：

1 宮內有煞星或對宮沖煞星，兄弟較少，或多糾紛感情不睦。

2 宮內正曜性質穩重（紫機陽同府相陰梁），見魁鉞輔弼在此同會，表示助力和貴人由兄弟來。

3 宮內正曜孤剋（殺破狼廉武巨），表示緣份淺薄，難以得助力，又見煞星，表兄弟不和，鬥爭嚴重。

4 有廟旺日月齊照，必有兄弟成就卓越。

A：正曜性質穩重：紫、機、陽、同、府、相、陰、梁。

紫微、天機、太陽、天同、天府、天相、太陰、天梁。

★諧音記憶方式：想陰涼，乾脆把雞、羊，放腐一起。

B：正曜孤剋：殺、破、狼、廉、武、巨。

七殺、破軍、貪狼、廉貞、武曲、巨門。

★諧音記憶方式：有一部港片叫【殺破狼】，演員

都要【練舞技】。

3. 夫妻宮 (Spouse Palace)：

Good spouse's support and good relationship、
companionship, also reflect the spouse's conduct or personality,
early marriage or at more mature age.

　　未來伴侶的特性，也是父母宮的子女位，在未成婚
前，夫妻宮也代表自己。知個人的感情與婚姻狀況，配偶
的類型、宜早婚或晚婚、對個人是否有助益或刑剋。

　　與對宮「事業宮」，可知家庭生活和事的成敗，經常
互為因果。

　　夫妻相處的好壞：兼看「遷移宮」、「福德宮」。

　　家庭成員是否和睦：兼看子女宮、兄弟宮。

　　（以下 information 來自先賢，筆者整理僅供參考。）

PS：

1. 見煞忌，或獨坐，夫妻易有生離死別，或不睦，感情不佳問題。

2. 單見左輔右弼，再遇煞忌，則容易發生第二春。

3. 見孤辰、寡宿、陀螺，宜晚婚，早婚易生問題。

4. 見天馬、解神則為離婚可能，遇煞、忌，衝突更甚。

5. 夫妻宮遭空劫相夾，與異性有緣無份，若見桃花之紅鸞、天喜則感情容易發生，但難有結果。

4. 子女宮 (Children Palace)：

Good relationship or strong affinity with the children, good or not, partnership enterprise, taking someone into partnership in his firm good or not.

知子女特質、學識、成就、資質優劣，緣份的厚薄、相處情況。

是田宅宮的遷移位，代表驛馬可以用來測知性生活的好壞。

是官祿宮的交友位，代表合夥。(流年子女不吉勿合夥)

是夫妻宮的兄弟位，代表桃花或貴人。

是疾厄的宮的福德位，代表身體的享受。

是福德宮的疾厄位，代表晚年生活品質。

和「命宮」一起推斷，可以知道晚年和子女的相處情況。

若子女宮吉，命宮晚運孤獨，子女雖爭氣，但多在外地發展，難得團聚。

命宮吉，子女宮不吉，子女多不成氣候，晚年靠積蓄生活。

若兩者皆不吉，多為子女不孝，須自力更生。

兩者皆吉，子女可以依靠。

以下 information 來自先賢，筆者整理僅供參考。

PS：

1. **正曜陽剛**：**紫、機、陽、武、廉，先生男。**

   ★記憶方式 :(先生男 : 一隻雞養五年。)

2. **正曜陰柔**：**府、陰、巨、相、梁，先生女。**

   ★記憶方式 :(先生女 : 夫陰，拒想娘。)

5. 財帛宮（Wealth Palace）：

Having abundant access、personal financial concept、fortune 、income sources, lots of wealth opportunities, advantageous to start own business.

賺錢、養命宮位。可以看理財觀念、賺錢能力、經濟情況方式。

是福德宮的遷移位，可看脾氣、嗜好。

財帛宮也是夫妻宮的夫妻位，可看婚姻生活對待關

係。

　　福德宮是財帛宮的對宮,可以看用錢的價值觀,是勞碌或享福命。

　　PS:(以下 information 來自先賢,筆者整理僅供參考。)

1. 財帛宮武曲、化祿,或陰、陽,不見煞,有財。

2. 見煞或空、劫, 縱使有財,難積存,須經奮鬥。

3. 財多少,財星坐正財宮之外,還須注意府、相、祿存是否三合。

   若三星暗合 是業外之財。

4. 只宜見化祿,不能見祿存,因為祿存前後有羊、陀相夾。

   吉為守財奴,不吉則難聚。或主財多穩定細水長流,難有偏財。

6. 疾厄宮（Health Palace）：

The condition of a person's body or mind、temper、physically、mentally healthy. Positive-minded or emotion satisfaction、a health-conscious person or a weaker person.

命宮若代表個性，疾厄宮就是脾氣。主性格的表現、情緒的反應。

運勢不佳時，與疾厄宮相關時，要注意健康和容易罹患疾病。

疾厄也是田宅的事業可論家運位。

田宅的三方之一，主物質生活品質。

父母宮也是疾厄宮的對宮，代表對長輩態度。

PS:(以下 information 來自先賢，筆者整理僅供參考。)

1. **紫微、天府**吉星，逢吉可得良醫。頭痛、心臟、中風、血壓。

2. **太陽**：中風、偏頭痛。

3. **天機、廉貞、天相**：皮膚、腫瘤、出血。

4. **太陰、巨門、天梁**：血液循環，或代謝系統、泌尿系統。

5. **貪狼**：肝、腎、泌尿。

6. 若遇四煞（**羊、陀、火、鈴**）

機相梁殺巨：四肢有殘。貪狼：胰臟、目疾。

7. **武曲**：痔瘡，暗瘡、肺、久咳、鼻過敏、結石、骨折。

8. **大同**：泌尿系統、腸、淋巴、耳朵。

7. **遷移宮** (Travel Palace)：

Good chances of traveling, frequently mobile, may have good opportunity, may enjoy better living outside of own birthtown, relations with others good or not.

代表外出、機遇、老運、智慧、處世應對、有生之年的福運。

也代表遠方、異地。遷移宮好，出外發展順利，貴人運也好。可判斷人對環境改變的適應力、人際關係、社交、旅遊災禍、職業轉調與升遷、離鄉是否 OK，及外出與交友互動的狀況。

遷移宮的對宮是「命宮」，彼此之間有交互影響的力量。

人的個性、才能、機運和人際關係、外出發展等。

PS: 以下 information 來自先賢，筆者整理僅供參考。

1. 見六煞，外出多糾紛，競爭或懷才不遇。

2. 遇魁鉞，多貴人提攜。遇輔弼易得朋友助力。

3. 祿存不見煞，宜到外地求財。

8. 交友宮（部屬宮）(Friends Palace)：

A friend in need is a friend indeed, friends are good assets. Surrounded with sincere and honest friends in life.

Definition of friends also can include strangers、subordinate staff.

代表人際關係，可以看朋友類型、朋友關係。

古時候稱奴僕宮，用來推斷人和朋友、同事間的人際關係與互動，及想要交什麼樣的朋友。

交友宮能知能否受到部下的愛戴，是否擔任主管，是否適合與朋友合夥創業。

交友宮與命宮有互補的現象，例如有領導的型人較喜歡支援型、合作型的下屬。合作型沒有主見的人，則會希望被領導的型人帶領。

PS: 以下 information 來自先賢，筆者整理僅供參考。

1. **正曜穩重（紫機陽府相陰梁）**，不見煞，表朋友屬下關係良好。

2. **正曜孤剋（殺破狼廉武巨）**，容易與朋友生是非，不易結交益友。

若見煞，表朋友屬下背叛、出賣、招禍。

3. 此宮不可見祿，容易因朋友而破財。

9. 官祿宮（事業宮）(Career Palace)：

Career (The master of the palace), a brilliant career or not..

Positive career progression. Good colleague relationship at workplace, a career in what、who 、when 、where.....

與工作有關的宮位，論運氣位、好壞相關。

是夫妻宮的遷移位，也可看婚外情，對婚姻關係也有影響。

又稱為事業宮，可知人的官運、行業、職位高低，及事業運的吉凶、創業成功機會。 對學生言，代表學業。對女命言，可用來推斷婚姻、子女情況。 參照其對宮夫妻宮，事業成敗和家庭生活相互影響。

事業成敗和先天命運、財運有影響，需和命宮、財帛

宮三方四正合參,能論斷出天賦、人格特質、專長、行業屬性文或武等……

　　PS: 以下 information 來自先賢,筆者整理僅供參考。

1. 遇煞、忌齊臨或相夾,職場多波折,勞碌。

2. 吉星會照,有機會貴人提攜。仍須看命宮的個性與模式。

10. 田宅宮 (Property Palace):

Good property luck for ownership or investment. Can enjoy harmonious relationship with neighbours and its surrounding

The house is located in high class、posh、safe placce、allerway area, in a high buildings and great mansions or in a place which is higher than other places.

　　代表家庭關係,與成家有關,與財產、居家環境生活品質也與置產、開店、房地產、廠房事業有關。

田宅宮有變化時，也代表驛馬運，如搬遷或買賣房子等……

因子女的出生、就學或轉贈給子女，也須參照其對宮子女宮。田宅宮可以當財庫來推論。

PS：以下 information 來自先賢，筆者整理僅供參考。

1. 遇武曲、化祿或日月齊會，不逢煞、忌、空、劫，表示有祖產和不動產。

2. 田宅宮表財庫，逢空、劫則庫破，有積蓄也難置產，縱有祖產，也多為破敗之財。

3. 遇破軍，結構佳，先無後有。結構不佳，則敗家。

4. 遇煞、忌齊臨，雖有家產，易生意外，如法拍，或火災。

11. 福德宮（Mental Palace）：

Spiritual life、moral life、inner life or mind 、mental

condition，longevity.

Calm, positive-minded, easy-going or good mental strength.

Can get help from important person, especially from elders or people with high level.

對宮是財帛宮，與享受財富有關，可看理財心態、興趣、人生觀。

也是夫妻宮的官祿位，與婚姻運也有很大的關聯。

福德宮代表福份與道德能量的強弱，可用來瞭解人的思想與物質享受、人生觀、生活品味、心靈道德行為、嗜好興趣、物質生活優劣，以及對於勞心或勞力工作的滿足程度。

福德宮參照其對宮財帛宮，可測知財源多寡、財運好壞、賺錢心態、晚年榮枯。

財帛宮吉，通常表示財運不錯，會有開創財源的機遇。

福德宮有時對壽命長短，以及健康狀況、老來個性脾氣有關聯。福德宮差，對福份感受低，也較不知足和感恩。

PS: 以下 information 來自先賢，筆者整理僅供參考。

1. 遇煞齊臨，人生勞碌多起伏波折，人生雖為清閒，也是無趣之人。

2. 紫同梁坐福德宮，個性懶散，不積極。

3. 福德宮帶孤剋（殺破狼），除增加此生忙碌，個性脾氣不佳。

4. 遇空劫，易受人欺騙。且思緒多，讓人難以理解。想像豐富，反倒利於研發，文學創作。

12. 父母宮（Parents Palace）：

Good relationship with parents, has rich life in childhood and his parents can be in high positions in jobs.

主學習、學歷，可看配偶家庭、人際交往的長輩。

　　代表父母關係，與行為有關的宮位。父母宮也與國營企業、大公司有關，可兼看上班運。也稱相貌宮。

　　推斷人與父母的緣份深淺、感情，及幼年的家庭背景，有無福蔭、遺產等。

　　與對宮「疾厄宮」合參。知健康、脾氣好壞，和體質遺傳、父母的關愛程度。

　　PS: 以下 information 來自先賢，筆者整理僅供參考。

1. 遇煞齊臨，與父母關係不佳，或相剋。

2. 太陽若陷，先喪父，太陰若陷，先喪母。 若均落陷，白天生的父親在，晚上生的母親在。

身宮：

　　身宮是一個人內心最 concentrate(專注)、pay attention to、care 的人、事、物，若在財帛宮，就會 keep an eye on 財帛。若在夫妻宮，就會 concentrate 夫妻宮、家庭。若在

命宮，就會最在乎自己，以自己思考為優先判斷事情，也較執著。

身宮是十二宮外的另一個宮位，只會落在與命宮、夫妻宮、財帛宮、遷移宮、官祿宮、福德宮等六強宮位中其中一個。

命宮是看先天，身宮是看後天，如命宮不好，身宮好，將來行運時會有幫助，隨著年齡增長 35-40 歲後，命宮影響反而不大，這時要重視身宮、流年，身宮是主導後天運勢的中心思想及驅策力。

（當參考）

A. 命、身同宮：子時、午時

子時：23 點到早上 1 點。

午時：11 點到 13 點。

表示是一個很自我、固執、倔強、好強的人，本位主義強，會懂保護自己。 此人先天和後天結合在一起，所

以他所做的任何決策都會影響後天的運勢。固執不服輸、
欠圓融，成就兩極。

B. 身宮與夫妻宮同宮：巳時、亥時

巳時：早上 9 點到 11 點。

亥時：晚上 21 點到 23 點。

代表個人受婚姻以及配偶的影響很大，具有家庭責任
心，重視家庭生活氣氛，重視溫暖的感覺，較感性，會極
力維護家庭，重視精神生活。若不遇煞星，結婚會幸福，
男女身宮皆為夫妻宮，縱使離婚也會藕斷絲連。

C. 身宮與財帛宮同宮：辰時、戌時

辰時：早上 7 點到 9 點。

戌時：晚上 19 點到 21 點。

代表易受經濟狀況左右行為，偏重金錢價值觀，愛賺
錢為目標。會精打細算過生活，有儲蓄和理財能力。但會

煞星會為錢財奔波。

D. 身宮與遷移宮同宮：卯時、酉時

卯時：早上 5 點到 7 點。

酉時：傍晚 17 點到 19 點。

遷移宮與命宮對照成命遷線，因此遷移宮會影響命宮。

代表易受環境變遷影響，經常要外出奔波，且較會有職業或居住上的變動。身心易不安，喜歡離家。貴人運不佳，與家人緣薄，若流年遷移宮吉就 OK。

E. 身宮與官祿宮同宮：寅時、申時

寅時：早上 3 點到 5 點。

申時：傍晚 15 點到 17 點。

代表易受職業與工作環境影響，事業心重企圖心強，行事多以追求事業成就或權力名位為目標，個性執著，在

乎別人對自己的評價。與家人緣不親,不遇煞星能賺到
錢。

F. 身宮與與福德宮同宮:丑時、未時

丑時:清晨 1 點到 3 點。

未時:中午 1 點到 3 點。

代表易受祖德、精神層面的影響,較會享福、過安逸
生活,注重生活品質,缺乏積極進取。不適合做投機生意
或事業。

紫微斗數的三方四正地支、宮位記憶方式

　　三方諧音記憶方式：四九很醜，留著鸚鵡鬚，好像神紳士，卻嗨貓味。

A 三方：

一、以十二宮的地支：

　1. **寅、午、戌。**（3,7,11）圖下

　　記憶方式：鸚鵡鬚。

　2. **巳、酉、丑。**（6,10,2）圖下

　　記憶方式：四九醜。

　3. **申、子、辰。**（9,1,5）圖下

　　記憶方式：紳子臣。

　4. **亥、卯、未。**（12,4,8）圖下

　　記憶方式：嗨貓味。

三方宮位

如圖下

巳(6)交友宮	午(7)遷移宮	未(8)疾厄宮	申(9)財帛宮
辰(5)事業宮			酉(10)子女宮
卯(4)田宅宮			戌(11)夫妻宮
寅(3)福德宮	丑(2)父母宮	子(1)命宮	亥(12)兄弟宮

連結記憶：

例a：若1為命宮向左，向右，各數到第五格，則三個宮
位〔1、5、9〕宮位則為三方宮位。

例b：若6為命宮，向左、向右各數到第五格，則三個宮
位〔6、10、2〕以下類推。

1. **命宮、財帛宮、官祿宮**：代表養命能力。

   記憶方式：官財命。（1，9，5）圖上

2. **兄弟宮、疾厄宮、田宅宮**：代表能不能聚財、有沒有
   房地產。

   記憶方式：胸肌甜。（12，8，4）圖上

3. **夫妻宮、遷移宮、福德宮**：代表婚姻關係。

   記憶方式：夫遷，福。（11，7，3）圖上

4. **父子宮、子女宮、交友宮**（奴僕）：

   代表自己的上、下人際關係，外緣關係。

   記憶方式：有父子。（6，2，10）圖上

B 四正：

命盤有三個四正：

1. 命遷子田：有無驛馬運，命遷子田的不穩，容易搬遷、
   到異地謀生需要注意交通意外。

   記憶方式：命，欠子田。（1，7，10，4）圖上

2. 兄友財福：看朋友關係，若星象穩定度不好，要避免
   朋友之間的財務借貸，合夥也要留意。

   記憶方式：兄，有財福。（12，6，9，3）圖上

3. 夫官父疾：與官祿宮有關聯。從官祿宮的角度來看，

四正穩定的話，工作也會偏向穩定。

記憶方式：夫，管父疾。（ 11 ， 5 ， 2 ， 8 ）**圖上**

PS：以下先賢智慧，當參考。

三合是命盤的屋頂，四正就好比命盤的樑柱。所以三合拿來論運時，四正則是看運的穩固。

十二個宮位有六個本宮、對宮。

本宮：如果要評論財帛則財帛為本宮。

對宮：財帛為本宮的斜對面為福德宮。

子午、辰戌、寅申、丑未、卯酉、巳亥。

Ex: 子為本宮，午為對宮，同此類推。

命宮、遷移宮線。命宮為本宮，遷移宮為對宮

若遷移宮為本宮，命宮為對宮。

兄弟宮、交友宮線，(同此類推)。

夫妻宮、官祿 (事業) 線，(同此類推)。

子女宮、田宅宮線，福德宮、財帛宮線。父母宮、疾厄宮線。

（同此類推）

本宮與對宮，有互相關聯性。

1. **命遷線**：機遇與外出問題。

   在遷移宮的話，容易出外發展，或需要依靠外緣。如命遷線出問題，情緒壓力會比較大。

   ★**記憶方式：命遷機遇與外出。**

2. **兄友（奴僕）線**：交友問題。

   外緣。兄友線出狀況，要避免合夥。

   ★**記憶方式：兄友不佳避合夥。**

3. **夫官線**：夫妻關係與工作問題。

   夫妻宮就在官祿宮對面，如果婚姻不佳，工作心情也會受到影響。

   ★**記憶方式：夫官，夫妻與工作。**

4. **子田線**：驛馬運。

田宅宮穩定，發展 OK。子田線不 OK，住所比較不安寧，容易搬遷，甚至要注意意外，買房置產要量力，不可好高騖遠。

★**記憶方式：子田，驛馬搬遷。**

5. **福財線**：指理財或賺錢的方法、態度與結果。

看福德宮是否有祖德庇蔭與享受。財帛宮可看賺錢與收支。

★**記憶方式：福財，理財方法、態度，祖德庇蔭與享受）**

6. **父疾線**：健康或勞動狀況。

父疾線差時，脾氣大，容易與人發生衝突，工作也容易異動。

★**記憶方式：父疾，脾氣、健康與勞動。**

紫微諸星、六吉、煞與十二宮互動吉凶及記憶方法

A 紫微

吉： 財帛宮，遷移宮，事業宮（官祿），父母宮。

　　記憶方式： 紫吉，事、父、遷、財。

　　（子吉，師傅，遷財）

平： 兄弟宮，命宮，夫妻宮，子女宮， 疾厄宮，交友宮，田宅宮，福祿宮。

　　記憶方式： 紫平，命兄夫子，交福田記。

連結記憶：

1. 子（紫）吉，師（事）傅（父），遷財，除外皆平順。

2. 子**吉**，師傅，遷財，除外皆**平**順。

B　天機：

吉：命宮，兄弟宮。

　　　記憶方式：兄，積極命。

平：夫妻宮，財帛宮，子女宮，事業宮（官祿），遷

　　移宮，父母宮。

　　　記憶方式：幾瓶夫子財，欠護士。

小凶：疾厄宮，交友宮，田宅宮，福祿宮。

　　　記憶方式：小兄，福田交集。

連結記憶：

1. 積極（吉）命兄。小兄（小凶），福田交集（疾）。欠（遷）
　護（夫）士（事），幾（疾）坪（平）夫子財。）

2. 積**極**命兄。**小兄**，福田交集。欠護士，幾**坪**夫子財。

C 太陽：

吉：命宮，夫妻宮，子女宮，財帛宮， 遷移宮，交友宮，事業宮(官祿)，父母宮。

記憶方式：陽極(吉)命是，父妻子，遷友財。

平：兄弟宮， 疾厄宮，田宅宮，福祿宮。

記憶方式：陽平福田，兄弟急(疾厄)。

解釋：蘭陽平原的福田，兄弟都急著要。

連結記憶：

1. 陽極(吉)命是(事)，父欺(妻)子，遷友財，蘭陽平原的福田，兄弟都急(疾)著要。

2. 陽**極**命是，父欺子，遷友財，蘭陽**平**原福田，兄弟都急著要。

D 武曲

吉：財帛宮，遷移宮，福祿宮，田宅宮。

記憶方式：舞技財，欠福田。

平：命宮，交友宮，事業宮（官祿），父母宮。

記憶方式：五平命，是教父。

小凶：夫妻宮，子女宮，兄弟宮，疾厄宮。

記憶方式：五小兄，激夫子兄。

連結記憶：

1. 五平命，是（事業）教父。賺舞（武）技（吉）財，欠（遷）福田。五小兄（小凶），氣了，激（疾）夫子兄。

2. 五**平**命，是教父。賺舞技財，欠福田。五**小兄**，氣了，激夫子兄。

E　天同：

吉：命宮，夫妻宮，子女宮，兄弟宮，疾厄宮，福祿宮。

記憶方式：乩童，命兄夫子，給付。

平：財帛宮，遷移宮，交友宮，事業宮(官祿)，父
母宮，田宅宮。

記憶方式：通評，父田簽，才有事。

連結記憶：

1. 通(同)評(平)，父田簽(遷)，才(財)有事。乩(疾)
童(同)命兄夫子，給(吉)付(福)。

2. 通評，父田簽，才有事。乩童，命兄夫子，給付。

F　廉貞：

吉：遷移宮，事業宮(官祿)。

記憶方式：真是吉，(錢)遷。

平：交友宮，財帛宮。

記憶方式：真平交財)

小凶：命宮，福祿宮，田宅宮。

記憶方式：曾小兄，福田命。

136

凶：夫妻宮，子女宮，兄弟宮，疾厄宮，父母宮。

記憶方式：真兄，父兄妻子，急。

連結記憶：

1. 曾小兄 (凶)，福田命。真是 (事) 吉錢 (遷)。真兄，
妻子，急 (疾)。真平交財。

2. 曾**小兄**，福田命。真是**吉**錢多。但真**兄**，父兄妻子，
會著急。只要真平順交財就可。

G 天府：

吉：遷移宮，命宮，福祿宮，田宅宮，夫妻宮，子女
宮，兄弟宮，疾厄宮，父母宮，財帛宮，交友宮。

記憶方式：府全吉，除 4)

平：事業宮 (官祿)。

記憶方式：府平事。

連結記憶：

1. 府平事，府全吉，除 4(事)。

2. **府全<mark>吉</mark>，除了事業皆<mark>平</mark>順。**

H　太陰：

吉：遷移宮，命宮，福祿宮，田宅宮，父母宮，子女宮，交友宮。

　　　記憶方式：陰極命，父子有，遷福田。

平：事業宮 (官祿)，夫妻宮，財帛宮，兄弟宮，疾厄宮

　　　記憶方式：陰夫，是忌兄財平。

連結記憶：

1. 陰夫，是 (事) 忌 (疾) 兄財平。陰極 (吉) 命，父子有 (友)，遷福田。

2. **陰夫，是妒嫉兄財<mark>平</mark>順。陰<mark>極</mark>命，有父子，福田錢。**

I 貪狼：

小凶：命宮，財帛宮，遷移宮，交友宮。

　　記憶方式：貪小胸，交千財命。

凶：夫妻宮，子女宮，兄弟宮，疾厄宮，父母宮，福

　　祿宮，田宅宮。

　　記憶方式：郎（人的台語）兌，忌父兄、妻子、

福田。

平：事業宮（官祿）。

　　記憶方式：貪是平。

連結記憶：

1. 貪是（事）平。貪小胸（凶），交錢（遷）財命。郎（人
　的台語）兌（凶），忌（疾）父兄、妻子、福田。

2. **貪是貪。貪小胸，交錢財命。郎（人的台語）兌，
　妒嫉父兄、妻子、福田。**

J 巨門：

小凶：夫妻宮，命宮，田宅宮。

　　記憶方式：巨小兄，田夫命。

凶：遷移宮，子女宮，兄弟宮，交友宮，疾厄宮，父母宮，福祿宮。

　　記憶方式：巨兌父，呼叫兄弟子，遷。

平：財帛宮，事業宮（官祿）。

　　記憶方式：巨平是財。

連結記憶：

1. 巨小兄（小凶），田夫命。巨兌（凶）父，呼（福）叫（交）兄弟子，遷。巨平是財。

2. 巨小兄，田夫命。既兌父，大呼小叫兄弟孩子，欠揍。平順是財。

K 天相：

140

吉：遷移宮，命宮，兄弟宮，福祿宮，田宅宮，父母
宮，交友宮，疾厄宮。

　　記憶方式：吉相命，父福，兄有錢。幾田。

平：事業宮(官祿)，夫妻宮，子女宮，財帛宮。

　　記憶方式：相平，妻子是財。

連結記憶：

1. 吉相命，父福，兄有(友)錢(遷)，幾(疾)田。相平，
妻(夫妻)子(子女)是(事)財。

2. 吉相命，父友福，兄有錢，幾(疾)田。想平順，好
妻子是財。

L　天梁：

吉：遷移宮，命宮，兄弟宮，夫妻宮，福祿宮，田宅
宮，父母宮，交友宮，疾厄宮。

　　記憶方式：量瓶子，是財，其他吉。

平：事業宮(官祿)，子女宮，財帛宮。

記憶方式：量瓶子，是財。

連結記憶：

1. 量（梁）瓶（平）子（子女），是（事業）財，其他吉。
2. 量**瓶**子，是財，其他都**吉**。

M 七殺：

小凶：福祿宮，遷移宮。夫妻宮，子女宮，兄弟宮，

疾厄宮，父母宮，交友宮。

記憶方式：沙小凶，福是兄夫子。

平：命宮，財帛宮，事業宮（官祿），田宅宮。

記憶方式：沙平，是田財命。

連結記憶：

1. 沙小凶，夫子父兄子有（友）疾，福淺（遷）。

沙平，是（事業）田財命。

2. **沙小凶，夫子父兄子有（友）疾，福淺（遷）。**

沙平，是田財命。

N 破軍：

小凶：命宮，子女宮，田宅宮，交友宮。

　　記憶方式：破曉凶，田子佼命。

凶：夫妻宮，兄弟宮，疾厄宮，父母宮，福祿宮。

　　記憶方式：婆凶，繼（疾）父，兄福。

平：財帛宮，事業宮（官祿）。

　　記憶方式：婆平，是（事業）財。

吉：遷移宮

　　記憶方式：遷吉。

連結記憶：

1. 破小凶，田子佼（交）命。婆（破）凶，繼（疾）父，兄（福）。婆平，是（事業）財。迫遷吉。

2. **破小兄，田子佼命。老婆凶，繼（疾）父，兄福。老婆平順，是財。遷是吉。**

六吉

A 文昌：

平：財帛宮，子女宮，夫妻宮，田宅宮，父母宮，兄
弟宮，疾厄宮。

記憶方式：昌平， 父兄妻子，繼田財。

吉：命宮，遷移宮，事業宮（官祿），福祿宮，交友宮。

記憶方式：昌吉命，是叫福遷。

PS 文昌、文曲，吉、平相同。

連結記憶：

1. 昌平，父兄妻子（子女），繼（疾）田財。昌吉命，是
（事業）叫（交友）福遷。

2. **昌心平順， 父兄妻子可以繼田財。昌吉命，是叫福
遷。**

B 文曲：

　　平：財帛宮，子女宮，夫妻宮，田宅宮，父母宮，兄

　　　　弟宮，疾厄宮。

　　　　記憶方式：曲平，父兄妻子，繼田財。

　　吉：命宮，遷移宮，事業宮(官祿)，福祿宮，交友宮。

　　　　記憶方式：曲吉命，是叫福遷。

　　PS：文昌、文曲，吉、平相同。

　　連結記憶：

1. 曲平，父兄妻子(子女)，繼(疾)田財。曲吉命，

　　是(事業)叫(交友)福遷。

2. **曲心 平 順， 父兄妻子可以繼田財。曲 吉 命，是叫福**

　　遷。

C 天魁：

　　平：財帛宮，田宅宮。

　　　　記憶方式：魁平，田、財。

吉：命宮，遷移宮，事業宮 (官祿)，福祿宮，交友宮，

子女宮，夫妻宮，父母宮，兄弟宮，疾厄宮。

記憶方式：魁平，田、財除外皆吉。

PS：魁、鉞，吉、平相同。

連結記憶：魁**平**，田、財除外，其他皆**吉**

D 天鉞：

平：財帛宮，田宅宮。

記憶方式：鉞平，田、財)

吉：命宮，遷移宮，事業宮 (官祿)，福祿宮，交友宮，

子女宮，夫妻宮，父母宮，兄弟宮，疾厄宮。

記憶方式：鉞平，田、財除外皆吉。

連結記憶：鉞**平**，田、財除外皆**吉**。

E 左輔：

平：財帛宮，田宅宮，子女宮，父母宮，疾厄宮。

記憶方式：左平父子，記財田。

吉：命宮，遷移宮，事業宮(官祿)，福祿宮，交友宮，
兄弟宮。

記憶方式：輔吉命遷，是福，友兄。

小凶：夫妻宮

記憶方式：走妻小凶。

連結記憶：

1. 左小兄(凶)妻。輔吉命遷，是(事業)福，友兄。
   左平父子，記(疾)財田。

2. **左小兄妻。輔助兄友錢是吉福命。左平順會記父子財
   田。**

F 右弼

平：財帛宮，田宅宮，子女宮，父母宮，疾厄宮。

記憶方式：右平父子，記財田。

吉：命宮，遷移宮，事業宮(官祿)，福祿宮，交友宮，兄弟宮。

記憶方式：必吉命，是遷兄交福。

小凶：夫妻宮

記憶方式：右小凶夫凶。

連結記憶：

1. 右平父子，記(疾)財田。必(弼)吉命。是(事業)遷兄交福。右小凶夫。

2. **右先生平順會記得父子財田。右吉命，是牽兄交福。右夫妻小兄。**

148

G 化祿：

平：遷移宮，事業宮（官祿）。

> **記憶方式**：路平是 遷。

吉：命宮，財帛宮。

> **記憶方式**：財路吉命。

連結記憶：

1. 路（化祿）平是（事業）遷。財路（化祿）吉命。
2. **路平順是遷移出國玩。因為財路命，吉。**

I 祿存

平：遷移宮，財帛宮。

> **記憶方式**：存財遷，平。

吉：命宮，事業宮（官祿）。

> **記憶方式**：祿存命，是吉。

六煞宮位吉凶

A　火星，鈴星：

平：疾厄宮。

　　記憶方式：火鈴疾，平。

小凶：命宮，兄弟宮，夫妻宮，財帛宮，遷移宮，事

　　業宮(官祿)，福祿宮，交友宮，田宅宮。

　　記憶方式：火鈴小凶命，是交夫兄財錢福田。

凶：父母宮，子女宮

　　記憶方式：火、鈴，凶父子。

150

連結記憶：

1. 火鈴小凶命，是（事業）交（交有）父兄錢（遷）財福田。火、鈴，凶父子。火鈴疾，平。

2. **火鈴小兄命，是交父兄錢財福田。火、鈴，凶父子。火鈴平順生疾病。**

B 擎羊，陀螺：

小凶：命宮，財帛宮，遷移宮，事業宮（官祿），福祿宮，田宅宮。

　　記憶方式：偷羊小兇命是，遷福田財。

凶：父母宮，兄弟宮，夫妻宮，子女宮，疾厄宮，交友宮。

　　記憶方式：妻子父兄，偷羊交際，凶。

> **連結記憶**：
>
> 1. 偷(陀羅)羊(擎羊)小兒命是(事業)，遷福田財。妻子(子女)父兄，偷羊交(交友)際(疾)，凶。
>
> 2. **偷羊小兒命是，欠福田財。偷羊交際，凶妻子父兄。**

C 地空，地劫：

凶：父母宮，兄弟宮，夫妻宮，子女宮，疾厄宮，交友宮，命宮，財帛宮，遷移宮，事業宮(官祿)，福祿宮，田宅宮。

> **記憶方式**：空姐全凶。

152

9
紫微斗數星在十二地支 引起的弱化記憶方式

微：卯丑未酉　　　　　-1　　（紫貓有臭味）

機：丑寅巳未酉亥　　　-1　　（雞醜掩飾為酒害）

陽：子申酉戌亥　　　　-1　　（羊(陽)有子，喜神嗨!）

武曲：巳亥　　　　　　-1　　（舞是嗨）

天同：巳午未亥申　　　-1　　（通是嗨舞神味。）

廉貞：子 -1 卯 -2 巳 -2 申 -2 戌 -1（蓮子毛數參鬢）

太陰；辰巳卯　　　　　-1　　（因曾是貓）

貪狼：寅申　　　　　　-1　　（狼陰深）

巨門：辰巳戌亥　　　　-1　　（既）曾是婿害）

天相：卯酉　　　　　　-1　　（想像有貓）

七殺：辰巳　　　　　　-1　　（殺，臣是。沙城市）

破軍：寅申　　　　　　-2　　（頗陰深）

153

諸星在十二地支引弱化，諧音全部記憶方式：

殺，臣是，因（陰）曾是貓，既（巨）曾是婿害。

想（相）有貓，子（紫）貓有臭味。

舞（武）是嗨，同是嗨舞神味。

蓮（廉）子毛，數參鬃。頗（破）陰深。

雞（機）醜掩飾為酒害。

羊（陽）有子，喜神嗨！

諸星在十二地支引弱化程度：

紫微：　　　卯、丑、未、酉　　　　　-1

記憶方式：（紫貓，有臭味。）

天機：　　　丑、寅、巳、未、酉、亥 -1

記憶方式：（雞醜，掩飾為酒害。）

太陽：　　　子、申、酉、戌、亥　　 -1

記憶方式：（羊有子，喜神嗨。）

武曲：　　　巳、亥　　　　　　　　-1

記憶方式：（ 舞是嗨。）

天同：　　　巳、午、未、亥、申　 -1

記憶方式：（ 同是嗨舞神味。）

廉貞：　　　子 -1、卯 -2、巳 -2、申 -2、戌 -1

記憶方式：（蓮子毛，數參鬚。）

太陰： 　　辰、巳、卯　　　　-1

記憶方式：（因，曾是貓。）

貪狼： 　　寅、申　　　　　　-1

記憶方式：（郎，陰深。）

巨門： 　　辰、巳、戌、亥　　-1

記憶方式：（既曾是婿害。）

天相： 　　卯、酉　　　　　　-1

記憶方式：（想有貓。）

七殺： 　　辰、巳　　　　　　-1

記憶方式：（沙城市， 殺，臣是。

破軍： 　　寅、申　　　　　　-2

記憶方式：（頗陰深。）

10

命宮落在十二地支
的特質

★**諧音記憶**：用敘述一家人的個性、脾氣與特質故事
來輕鬆記憶，落在十二地支的特質。

人物：兒(子)、醜(丑)媳婦、尹(寅)兒女、暖(卯)
　　　　(字似)婆婆、成(辰)公公、四(巳)伯、五(午)
　　　　姨、為(未)彼此、家中女神(申)、友(酉)人、
　　　　休息(戌)、High(亥)時。

★**簡記**：

兒（子）細心內斂、聰明反應佳，話不多，喜歡探究
竟，反失機會。

醜（丑）媳婦，踏實、固執、易緊張。

尹（寅）兒女，活耀、思慮少周延。

暖（卯）（字像）婆婆樂於學習、善企劃與宣傳，按計畫，變動則造成不安、缺自信。

成（辰）公公企圖心、慾望大，不畏懼挑戰，為工作與事業要注意身體健康。

四（巳）伯嚴以律己和他人，脾氣剛硬，要學習圓融。

五（午）姨尊貴，愛面子，易犯小人，注意人和。

為（未）彼此，眼光遠，想得遠，直覺強，善於思考未來，易操心憂鬱。

家中女神（申），易抱怨、訴苦，正義感，會否定他人，對他人易失去信心，多注意人緣。

有（酉）人很自我，喜歡批評。

休息（戌）就注意身體健康，情緒不穩，缺乏自信。

High（亥）時浪漫，易忽略細節，偶會懶散。

命宮落在十二地支的特質個性：

A　**子宮個性**：細心內斂、聰明反應佳，話不多，喜歡探究竟，反失機會。

★諧音記憶：兒(子)細心內斂、聰明反應佳，話不多，喜歡探究竟，反失機會。

B　**丑宮個性**：踏實、固執、易緊張。

★諧音記憶：醜(丑)媳婦，踏實、固執、易緊張，

C　**寅宮個性**：活耀、思慮少周延。

尹(寅)兒女，活耀、思慮少周延。

D　**卯宮個性**：樂於學習、善企劃與宣傳，按計畫。變動則造成不安情緒不穩，缺乏自信。

★諧音記憶：暖(卯)(字像)婆婆樂於學習、善企劃與宣傳。按計畫，變動則造成不安情緒不穩，缺乏自信。

E 辰宮個性：企圖心、慾望大，不畏懼挑戰，為工作與事業要注意身體健康。

★諧音記憶：成(辰)公公企圖心、慾望大，不畏懼挑戰，為工作與事業要注意身體健康。

F 巳宮個性：嚴以律己和他人，脾氣剛硬，要學習圓融。

★諧音記憶：四(巳)伯嚴以律己和他人，脾氣剛硬，要學習圓融。

G 午宮個性：尊貴，愛面子，易犯小人，注意人和。

★諧音記憶：五(午)姨尊貴，愛面子，易犯小人，要注意人和。

H 未宮個性：眼光遠，想得遠，直覺強，善於思考未來，易操心憂鬱。

★諧音記憶：為(未)彼此，眼光遠，想得遠，直覺強，善於思考未來，容易操心憂鬱。

I **申宮個性**：易抱怨，訴苦，正義感，會否定他人，對他人易失去信心，多注意人緣。

★諧音記憶：家中女神（申），易抱怨，愛訴苦，正義感，會否定他人，對他人易失去信心，要多注意人緣。

J **酉宮個性**：自我，喜歡批評。

★諧音記憶：友（酉）人很自我，喜歡批評。

K **戌宮個性**：負責，要注意身體。

★諧音記憶：休息（戌）就要注意身體健康，雖然負責但情緒不穩，缺乏自信。

L **亥宮個性**：浪漫，易忽略細節，偶會懶散。

★諧音記憶：High（亥）時浪漫，易忽略細節，偶會懶散。

以紫微位置在宮位
的潛在個性

命盤宮位有十二個，但 子午、丑未、寅申、卯酉、辰
戌、巳亥 對稱，因此只是六種。但星的亮度不一樣。

紫微與天府同宮永遠在日出 (寅)，日末 (申)。

PS: 筆者叮嚀：

紫微星在斗數中有居領導地位，因此在不同宮和不同
星組合自然有所不同。倘能熟悉每一顆星特質，對以後的
命盤解釋會更運用自如。

一 紫微在寅申，必與天府同宮

a. 紫微在寅宮：

紫微 (旺) 與天府 (廟) 同宮。

潛在個性（subliminal）：

自我意識強，看似不易親近，自以為是，有優越感，外表行事強悍，內在孤寂。要多注意與人之間的互動與關係。

b. 紫微在申宮（旺）：

紫微（旺）（與天府同宮（得）。

潛在個性（subliminal）：

溫和、氣質好，處事能力和領導力強、反應好。與親人感情較薄。

適合公職，人和關係好，有貴人運，善於理財投資。要多與親人互動才好。

二 紫微在卯酉，必與貪狼同宮

a 紫微在卯宮（旺）：與貪狼（利）同宮

潛在個性 (subliminal)：

自我意識強，人緣好，異性緣佳有助力，多才多藝。
個性開朗，辦事力強，但不順時，容易逃避、悲觀。流年
命裡逢空，最好有宗教信仰較 OK。

b 紫微在酉宮（旺）：與貪狼（利）同宮

潛在個性 (subliminal)：

想法單純較不能腳踏實地。喜享受，言詞誇大，喜歡
高談闊評論，錢財 easy come, easy go 易來易去，大筆花費
要謹慎思考。

三 紫微在辰戌，必與天相同宮

紫微在辰宮（得）：與天相同宮（利）

潛在個性（subliminal）：

外表溫和斯文，內心孤獨，有企圖心，喜歡主導，不喜被約束，思緒煩亂時，想法會稍些偏激，喜權愛利。

紫微在戌宮（得）：與天相同宮（得）

潛在個性（subliminal）：

喜歡除舊佈新，有權威，人和好要更注意，才有助力。煞星會照，行運波折。會吉星，OK.

四 紫微在巳宮，必與七殺同宮

a 紫微（旺）在巳宮：與七殺（平）同宮

潛在個性（subliminal）：

能吃苦耐勞，多才多藝，有統籌經營和管理能力，獨斷獨行，事業若有人鼓勵支援會有成就。

b 紫微在亥宮（旺）：與七殺同宮（平）

潛在個性（subliminal）：

內心容易有孤獨感，亥宮感情辛苦。有管理經營能力，但不可從事投機事業，屬於晚發格局。

五 紫微在子午，獨坐

a 紫微在子宮獨坐：平

潛在個性（subliminal）：

反應快，獨立，幹練，有毅力。無左輔右弼但有勇無謀，實踐力弱，好高騖遠，遇挫折較容易放棄。

b 紫微在午宮獨坐：廟

潛在個性 (subliminal)：

午宮廟位，無左輔右弼致有勇無謀，價值觀易搖擺，終日忙於財帛名利，若三方四正無煞星，在人生中會是勝利組。

六　紫微在丑、未宮

a 紫微在丑宮（廟）：與破軍同宮（旺）

潛在個性 (subliminal)：

執著、做事有行動力，做事果斷剛強，個性易變多慮，愛面子，感情多疑猜忌。

b 紫微在未宮（廟）：與破軍同宮（旺）

潛在個性 (subliminal)：

好勝心強，多思

身心易困惑、異性緣佳，有才情，不發少年財，縱有少年財也易橫破。晚婚較佳。做事要光明磊落、才能問心無愧。

12

紫微斗數的四敗（四沐）、四馬（四生）、四墓（四庫）之地

四敗之地：四沐

在子、午、卯、酉這四宮，為四敗之地。

咸池和沐浴是兩棵桃花星，都落在這四個宮位，也叫四沐宮。

★諧音記憶方式：知我（吾）有貓，羨慕（沐）。

子、午橫呈暴退。卯、酉是桃花氾濫。

命宮在四敗之地：感情多變化，喜歡樂、酒色，情緒不善控制，懷念過去，無法把握眼前幸福。

個性：較獨立，知足常樂，不善控制情緒。

命宮在子、午宮，樂觀，人生變化起伏較大，喜怒哀

樂溢於言表，會為金錢、感情辛勞。對工作使命感較重。

命宮在卯、酉宮，雖波折不順，但內心是樂觀面對。

例如財帛宮在卯酉宮，縱使錢財要不回來，也會樂觀對待。

紫微斗數的四生之地

紫微斗數中天馬星，在寅、申、巳、亥這四宮，為四馬之地，也叫四生之地。

長生之地，天馬只會落在這四個宮位，所以寅、申、巳、亥這四個宮位被稱為四生、四馬地。

★諧音記憶方式：隱身四海。

坐命在**寅、申、巳、亥**的人，大部分都屬於奔波型（年幼時也較好動），動作敏捷，重財利，理財會往高利潤大、薪水高的行業找。

古書上對於命宮坐寅宮及亥宮之人，「寅」稱之為「山頭」，而「亥」則為「要地」，也就是說，在這兩個宮位坐命的男女，會有一番大作為。

四馬之地代表勞碌命，命運變化較大，易受外在及環境影響，在變動中增加運勢，不宜保守或堅持己見。

紫微斗數的四墓之地

長生十二星的墓在辰、戌、丑、未四宮之中，稱之為四墓之地也稱是四庫地。

★記憶方式：臣是醜味。

墓、庫有收藏、收斂、保守、謹慎、規矩，華蓋座落的宮位。

為晚發格局。

孤辰與寡宿位於辰、戌、丑、未四宮之中，稱之為孤獨地。

命宮落於辰、戌、丑、未

優點：為人誠懇、忠厚踏實、有計畫性，認真內斂，性格保守。

缺點：內心孤獨、生活比較忙碌、沉悶。

辰、戌為紫微斗數之天羅地網，有困惑、流盪、受限之特性。

命宮在丑未宮位，做事較保守、按部就班，喜自己獨立作業，未宮看事情較有前瞻性。

辰宮又稱為天羅宮，戌宮又稱為地網宮，表示勞心勞力但日後會有成就，因左輔、右弼、文曲、文昌、龍池、鳳閣在這宮位排盤為起點。

若命宮、遷移宮在辰戌宮位，表示要操心或操勞，但日後會 something(可成)。

紫微斗數「天羅地網宮」是什麼？

1. **天羅：辰宮。**

2. **地網：戌宮。**

3. 紫微斗數從戌宮到卯宮為北，從辰宮到酉宮為南。

命宮坐落在辰宮是水庫，是通往火地的出口。

戌宮是火庫，則是前往水地的通路，這兩個宮位有其特殊性，所以稱為天羅地網宮。

天羅辰宮，地網戌宮，在紫微斗數上具有特殊意義，會有些困惑、流盪、受侷限的成份特性。

13

紫微斗數財運福祿
及特殊格局

A 財運福祿

1. **祿馬交馳格**：化祿星在命宮或財帛宮，遇到天馬來會，名利財運豐。

2. **財祿夾馬格**：天馬在命宮，左右隔壁有祿星財星(武曲)。

3. **日月夾命格**：太陰、太陽在命宮左右，一生富足，財運亨通有錢有勢。

4. **日月照壁格**：太陰、太陽在丑、未田宅宮，不動產多，繼承祖業。

5. **祿和鴛鴦格**：雙祿處身、命或同守命宮，若主星廟旺，一生厚福，財運豐，若主星不佳，仍可衣食無缺。

B 紫微斗數特殊的格局

a　**星臨正為格**：武曲是財帛主，落在財帛宮。廉貞是官祿主，落在事業宮。天同是福德主，落在福德宮。太陰是田宅主，落在田宅宮。天梁是父母主，落在父母宮。

b　**君臣慶會**：紫微在事業宮、財帛宮、命宮三方四正會、天府、天相。

c　**紫府同宮**：紫府同守寅、申。婚姻晚來，一生財運不錯。

d　**善蔭朝綱格**：天機、天梁在辰、戌心地善良，口才佳，善策略，聰明，不宜早婚。

e.　**陽梁昌祿**：太陽、天梁廟旺拱文昌、化祿，考運佳。

f.　**武貪同行**(日月夾命)：武貪同守丑、未或分守辰、戌，他鄉得意，得利中、老年。

g.　**殺破狼**：命宮有殺、破、狼，膽大投機冒險，喜改革

創新，性急果斷。

h. **七殺朝斗**：七殺在寅、申入命，有斗主(紫微)來朝，
雖剛硬辛苦，但事業有成就，稱為七殺朝斗。

i. **火貪鈴貪**：主有突發性發展。

j. **英星入廟**：破軍在子午，無煞星或文曲，則有主見，
果斷，富貴。

k. **祿文之命**：祿星、文曲來守、拱照，有文藝才華，無
煞星沖破，可為知名人士。

l. **機月同梁**：文人格局，不適合開創，宜軍公教或從
事研究。

m. **巨機同臨**：巨門、天機坐卯酉，研究心強，口才佳，
性固執，宜白手起家。

n. **巨日同梁**：命宮在申宮，巨日同梁拱照，才能出眾，
化忌能使天同不敢沉溺享福。

o. **日月並明**：命宮在丑，三方有廟旺太陽、太陰來拱

p   **三奇嘉會**：祿、權、科守命或拱照主富貴雙全，若主星落陷煞忌來沖，也可逢凶化吉。

q.   **日月反背**：日月落陷，須經奮鬥後，才會有偉大成就。

r.   **刑囚會印**：廉、相、擎羊，同臨子、午宮，武勇過人，宜武職。

s.   **雄宿朝元格**：廉貞寅、申入命，申較吉，能言善道，酒色財氣，職掌權威，較不利女性，桃花重，宜晚婚。

t.   **天乙拱命**：天魁和天鉞拱、照、夾，主有貴人提拔與照顧，遇難能化解。

u.   **空劫夾命**：若主星廟旺，吉星多反主激發作用。

v.   **財加囚格**：身、命分守武曲與廉貞，乃貧賤之格。

w.   **羊、陀夾忌（祿逢沖破）**：祿存與化忌拱照被羊、陀所夾。

x.   **馬頭帶劍**：擎羊臨午宮，會天同、貪狼會照祿星。為人處事強勁，不易妥協，能在競爭中勝出。

14

紫微斗數天干、地支、方位、專有名詞等記憶方式

A. 天干

甲、乙、丙、丁、戊、己、庚、辛、壬、癸。

1. 陽性天干：

甲、丙、戊、庚、壬。年數的尾數 (1950 的 0, 複數)

> **記憶方式**：吃 (餅) 須更忍。

2. 陰性天干：

乙、丁、己、辛、癸。 年數的尾數 (1951 的 1 單數)

> **記憶方式**：一定是新規。

B. 地支

子（鼠）、丑（牛）、寅（虎）、卯（兔）、辰（龍）、

巳（蛇）、午（馬）、未（羊）、申（猴）、酉（雞）、戌（狗）、

（豬）。

1. 陽性地支：子、寅、辰、午、申、戌。

> 記憶方式 : 知音塵味，生氣。

2. 陰性地支：丑、卯、巳、未、酉、亥

> 記憶方式 : 醜貓是味，有害。

C. 天干五行與方位：想像記憶方式

1. 甲乙天干，五行屬「木」，方位屬「東方」。

2. 丙丁天干五行屬「火」，方位屬「南方」。

3. 戊己天干五行屬「土」，方位屬「中部」。

4. 庚辛天干五行屬「金」，方位屬「西部」。

5 壬癸天干五行屬「水」，方位屬「北方」。

想像記憶方式：

颱風從台東來，傷害家、椅（甲乙）和樹木。

南部熱如餅盯（丙丁）著火，西部沙金更新（庚辛）、

北部多雨要忍鬼（壬癸）水、中部中央山脈無積（戊己）

土。

> **解釋：**颱風從台東來，傷害家、椅和樹木。
>
> 南部熱如餅盯著火，西部沙金更新，北部多雨，
>
> 要忍鬼水，中部中央山脈無積土。

D. 紫微專有名詞

陽男、陽女，是陽性天干生的，年數的尾數（1950 的

0 複數）

陰男、陰女，是陰性天干生的，年數的尾數 (1951 的 1 單數)

E. 大限

以十年為一個大限，代表十年之間的心態與運勢，農曆生日命宮起現。

陰男、陽女排大運是逆時針方向排。陽男、陰女排大運是順時針方向排。

> **記憶方式：** 陽男、陰女順向排。
> 陰男、陽女逆向排

F. 小限

以一年為主，代表這年間的心態與運勢。男生順時排，女生逆時排。

G.

1. 流年：

人命中當年的年份，配合三方四正星曜的吉凶，來推斷當年的行運。

以年支順時轉變，農曆一月一日開始算，流年也是所謂太歲年，

（當年所落座的生肖及對宮的生肖安太歲。）

2 流月：每個月的輪動，順時變換。

3 流日：每個日的輪動，順時變換。

H. 紫微斗數專有名詞

a 吉：

坐（吉星臨本宮）

朝（吉星朝對宮）

協（吉星三合）

輔（吉星在左右臨宮）

b 凶：

距（凶星入本宮）

衝（凶星在對宮）

脅（凶星三合）

夾（凶星入左右臨宮）

c

1　本宮（命宮，大限宮）

2　同宮（在同一個宮位）

3　對宮（在本宮位對方）

4　臨宮（在本宮位左右方）

5　三方四正（在本宮，對宮及三合關係）

6　三合（寅午戌，申子辰，巳酉丑，亥卯未）

7. 六和（寅亥，子丑，巳申，辰酉，卯戌，午未）

8. 三會（寅卯辰，巳午未，申酉戌，亥子丑）

9. 三穿（寅巳，卯辰，午丑，子未，申亥，酉戌）

排盤概要

PS：

筆者叮嚀：本章節紫微理論生澀複雜，如果看不懂可以暫時 skip 掉。工業時代，汽車、機車、火車、飛機代替農業時代的牛、馬。

科技時代的現在，紫微命盤在電腦、手機取得甚易。若非專業人士，可不必太 concentrate 集中在這塊。

紫微斗數探討，先求有趣才有動力，再來求甚解。

以上純屬 person's point of view.（個人觀點）。

1. 找出命宮與身宮。

2. 找出五行局。

3. 找出紫微與天府，然後排入十四主星位置。

A. 以陰曆出生時間排出星位

1. 年用來取宮干，與命宮年支取出局數。

2. 月與時找出命宮與身宮。

3. 日與局數配合找出紫微。

4. 安紫微與天府星系等主星。

5. 年、月、日星系輔星、四化，排盤即完成。

6. 安大小限。

B. 找出命宮與身宮範例：

Ex: 生日：11 月 11 日己時

命宮公式： 由寅開始順數生月 (11 月) 產生子，從這
個子 逆數生時 (己時)。

身宮公式： 由寅開始順數生月 (11 月) 產生子，從這
個子 順數生時 (己時)。

4 4	巳 夫妻疾厄宮（**身宮**）	午 (5) 兄弟 遷移宮 5	未 (6) **命宮** 6 己時	申 父母宮 辰時	7 7
3 3	辰子女財帛宮			酉 福德宮 卯時	8 8
2 2	卯 財帛宮			戌 田宅宮 寅時	9 9
1 1	寅 疾厄宮	丑 遷移宮	子 (11) 交友宮 子時 (11)	亥 事業宮 10 丑時	1 0

以命宮開始 ，逆時針排入兄、夫、子、財、疾、

遷、部、事、田、福、父、命。

C. 求宮干表

★諧音記憶方式：

（甲柿餅，一更虛，餅新更，定更忍 ，五龜甲）

天干：分兩組　　1 **甲 己**，以寅宮開始算為天干**丙**。

2 **乙 庚**，以寅宮開始算為天干**戊**。

3 **丙 辛**，以寅宮開始算為天干**庚**。

4. **丁 壬**，以寅宮開始算為天干**壬**。

5. **戊 癸**，以寅宮開始算為天干**甲**。

宮干公式：以寅（生肖老虎）起數

天干：分兩組　　1. 甲、乙、丙、丁、戊。

2. 己、庚、辛、壬、癸。

Ps：（可略過）

D. 安紫微星系

紫微、天機、太陽、武曲、天同、廉貞（逆時針）

（逆時針排法）廉貞 ＿ ＿ 天同、武曲、太陽 ＿ 天機、紫微。

記憶方式諧音：隻雞，養五天，廉。

E. 安天府星系

府、太、貪、巨、相、梁、殺 ＿ ＿ ＿ 破。

記憶方式諧音：府太貪巨相量殺，破。

（筆者叮嚀：以下若非專業人士，可略過。）

> **紫微與天府同宮，永遠在日出「寅時、寅宮」，日末「申時、申宮」。**

（1、5相對，2、4相對，3、9相對，7、11相對，8、10相對、6、12相對）

＊如圖下

6	巳	午 (7)	未 (8)	申 （紫微、天府）	9
5	辰			酉	1 0
4	卯			戌	1 1
3	寅 （紫微、天府）	丑 (2)	子 (1)	亥	1 2

F.　如何找出天府星

紫微＝X，　天府＝Y

X ＜Y，X ＋Y ＝ 6

X ＞＝Y，X ＋Y ＝ 18

由子算起，子為 1，丑 2，寅 3，卯 4，辰 5，

巳 6，午 7，未 8，申 9，酉 10，戌 11，亥 12

Ps: 由子宮起算。

G 安大、小限。

一　安大限

大限由命宮起，十年為一大限。

陽男、陰女，順時針數起。

陽女、陰男，逆時針數起。

二　安小限

男，順時針數起。女，逆時針數起。

（按本生年支起一歲）

Ps：以下若非專業人士，可略過。

公式：

1. **寅午戌**，從 辰 算一歲。
2. **申子辰**，從 戌 算一歲。
3. **巳酉丑**，從 未 算一歲。
4. **亥卯未**，從 丑 算一歲。

記憶方式：以「本生年支」三方最後宮位的對宮算一

歲。

例如寅、午、戌 (本生年支)，從辰算一歲。(戌的對
宮辰算一歲)

H. 大運

大運：又叫大限，指十年的一個運程，每個人的起運
歲數不一樣，可能是兩歲，也可能是六歲。

a. 第一大限

（命宮運限，約 15 歲之前）

這時是人格養成，學校的基礎教育很重要，家庭教育
更重要。

b. 第二大限

（兄弟宮或父母宮運限，約 15-25 歲）

這時是求學與學習如何與異性相處及認識愛情。

c. 第三大限

（夫妻宮或福德宮運限，約 25-35 歲）

這時是出社會工作賺錢，也開始選擇結婚對象。

d. 第四大限

（子女宮或田宅宮運限，約 35-45 歲）

這是開始養兒育女、升遷、賺錢、合夥、投資的人生階段。工作與婚姻是這個十年最重要課題。

e. 第五大限

（財帛宮或官祿宮運限，約 45-55 歲）

這段時間是工作、事業最重要的時限。夫妻感情、親情、心態的轉變也就是所謂中年危機感，也會有所影響。

f. 第六大限

（疾厄宮或交友宮運限，約 55-65 歲）

這時要注意健康、養生及準備退休的時候。

g. 第七大限

（遷移宮運限，約 65-75 歲）

這時就是退休，是否安然收成的時候。

命盤圖：

南方「火」西方「金」中部「土」東方「木」北方「水」

癸巳【夫妻宮】 大限 小限 南方（火） 六蛇	甲午【兄弟宮】 南方（火） 七馬	乙未【命宮】 中部（土） 八羊	丙申【父母宮】 西方（金） 九猴
壬辰【子女宮】 中部（土） 五龍	姓名： 陽曆：1976 年 陽男 農曆：1976 屬龍 干支：丙辰年 五行局：砂中金四局 生年四化：天機化權，文昌化科， 天同化祿，廉貞化忌		丁酉【福德宮】 西方（金） 十雞
辛卯【財帛宮－ 身宮】 東方（木） 四兔	命主：武曲，（先天分類） 身主：文昌 （後天分類） 身宮：必入六強宮（六陽宮），財 帛宮 子、午生（命身同宮） 空宮：命宮無主星（借遷移宮）		戊戌【田宅宮】 中部（土） 十一狗
庚寅【疾厄宮】 東方（木） 三虎	辛丑【遷移宮】 中部（土） 二牛	庚子【交友宮】 北方（水） 一鼠	己亥【事業宮】 北方（水） 十二豬

四馬宮：寅（山頭）、巳、申、亥（要地）

四沐宮：子、午、卯、酉

四墓宮：辰、戌、丑、未

15

生年年干祿、權、科、忌
在十二宮位

（以下來自諸先賢精華，筆者整理潤述。）

生年化祿在十二宮位

化祿（財祿）：

化祿代表豐富、生發、好事、忙碌、人緣，財祿，在命宮有化祿的人，好相處，較能用圓滑與人溝通。

命宮：帶財、祿、福氣，有能力、好人緣。

兄弟宮：兄弟有情義、關心兄弟、好朋友多。

夫妻宮：異性緣深。婚姻早發，婚後得財，主桃花。

子女宮：緣深、重視家庭、合夥關係好、享受性愛。

財帛宮：有理財能力、財運佳、帶財。

疾厄宮：樂觀但小毛病多。

遷移宮：外緣好，可在遠方發財，出外逢貴人、注重外表、喜歡出外。

交友宮：對朋友有情義，會關心朋友，好交朋友。

事業宮：想創業、事業心重、享受工作。

田宅宮：和樂的大家庭，庇蔭家庭、不動產多。

福德宮：一生財源豐盛，夫妻間和樂、會享受、福報多。

父母宮：與父母感情深，孝順，個性 (botton of heart、深處) 溫和柔軟。

生年化權在十二宮位

化權（權力）：

代表成長、壯盛、積極、強硬、行動、衝突、主導、

成就、才幹、負責、開創。在命宮，會有強勢氣勢。情緒容易不穩定(要放開心胸，才有善緣)。

命宮：對自己有期許、管理力強，有才華、肯打拼。

兄弟宮：對兄弟管理、要求高，為兄弟操勞。

夫妻宮：對婚姻期許高、不濫情。

子女宮：對子女期許高，會管教嚴格、具權威感。

財帛宮：比較有理財能力、不會亂花錢。

疾厄宮：會注意健康、個性剛直。

遷移宮：交友謹慎、易在社會上被肯定、出外有開創力。

交友宮：對朋友期許高，交友謹慎、會選擇益友。

事業宮：操勞，工作與事業有開創能力，易成為老闆或主管命。

田宅宮：為家庭操勞、有不動產，在家掌權、重視家

庭。

福德宮： 女命幫夫，男命財運佳，有成就、具恆心與
耐性。

父母宮： 對父母嚴肅但能得到父母關愛。

生年化科在十二宮位

化科（科名）：

代表貴人、聲譽、學術、理智，在命宮會顯得有
質感，會顯出高貴與清新脫俗氣質。

命宮： 一生中較清閒、有科名，易有貴人幫助。

兄弟宮： 兄弟之間有情誼及助力。

夫妻宮： 夫妻關係較浪漫、得異性貴人、妻子助力。

子女宮： 子女優秀、教育開明，形象好、有名聲。

財帛宮： 較有理財能力、有偏財，不會為財所困，缺

錢時有貴人。

疾厄宮：身心穩定、得病有貴人治療。

遷移宮：在外有好評價、名聲，有貴人助。

交友宮：交朋友不多，但是益友、得朋有助力。

事業宮：工作清閒，有功名、易在公家機構上班、有
貴人。

田宅宮：家庭小康，作風開朗。

福德宮：重視婚姻，有風雅嗜好，有福報、能量入為
出。

父母宮：斯文、溫和，與父母的緣份OK。

生年化忌在十二宮位

化忌（是非）：

忌是執念、阻礙、損失、變動、災厄，付出多忌必生

苦悶，代表結束、收藏、緣滅、管束或轉機。

命宮：較有不順、阻礙，自尊心強、自卑感較重。
固執、內向，易鑽牛角尖。

兄弟宮：兄弟姊妹緣份較薄，不和或是非、口舌。

夫妻宮：夫妻緣份較薄，初戀不易結合，結婚過程較
不順。
以晚婚為宜，早婚會為對方付出較多。

子女宮：與子女緣份較薄，或生產較不順之象。不宜
合夥。

財帛宮：破財、金錢是非、不善理財。

疾厄宮：有隱疾、遺傳病、要注意健康。

遷移宮：出外較不順，較無貴人提拔、注意交通。
交友宮與朋友較重情義，較不重錢財、小心
被朋友出賣。

事業宮：工作上多變動、辛苦、學業多變動。

田宅宮：不動產要注意產權問題，較常搬家。

福德宮：福報差、自囚自困、 較勞心、勞碌，不知
享福。

父母宮：與父母較有代溝，不能為人做擔保。

流年化忌在十二宮位
與十天干性質

（筆者叮嚀：以下四化必須熟背，才知貴人處、小人
地。化忌宮位小心謹慎即可，不用太擔心。多少參考，動
靜自如，趨吉避凶。）

1 流年命宮化忌

一　甲干　太陽化忌：

不要合夥，受人欺騙，眼睛、頭、心臟毛病要馬上就醫。

凡事多考量避免名聲受損或因男性蒙受損失。

二　乙干　太陰化忌：

投資、合夥慎重，避免財物受損，不要貪小便宜，陷入他人陷阱，有危機、隱憂的潛伏性 (對事物要小心分析)，因女性蒙受不利 (以男人優先選擇)，小心財物被漸漸吞佔 (隨時清點)。

三　丙干　廉貞化忌：

廉貞主感情化了忌，主傷感情，強出頭反不討好，也許有血光之災，盡可能避開是非地方，親近的人帶來不利，防暗黑手段、避危官非。

四　丁干　巨門化忌：

要謹言慎行講錯話、與人口角（謹言慎行），是非官訟。(行事正派，正途做事)，莫名失敗(不和人私下交易)，出風頭而不宜強出頭遭麻煩，不信任或懷疑引起麻煩，凡事小心謹慎。

五　戊干　天機化忌：

遇陰謀，因此若是別人提出的建議或新計畫，需三思而行。

正規行事，不走捷徑，以免計畫失敗。未雨綢繆，莫恐慌，注意手指、腳指傷痛，小心機器傷。

六　己干　文曲化忌：

防寫錯、說錯，須謹言慎行，文件要多次 make sure 檢查，數字核對清楚。防盜、騙，新計畫不宜採納。

小心估價，消息資料來源不能盡信，避免估計錯誤不可太相信口頭承諾或被毀約。

七　庚干　天同化忌：

天同乃情緒福星，化忌了自然會產生傷心憂鬱情事。

健康出問題。凡事不宜過大投注，引起大破敗。情緒心境要盡可能保持平靜， 防樂極生悲。不要去是非風月場所。

八　辛干　文昌化忌：

與文曲 almost same，但文昌化忌易遭華而不實的騙。

文書錯字，表達誤會，多思考，小心犯規或被投訴。防錯誤信息與誤會，文件注意是否正確，特別是文字方面。不可口頭承諾，或單方相信而被毀約。

九　壬干　武曲化忌：

小心財物失控、破財、現金周轉困難。決裂、決斷，說話小心口氣，不注意易反目成仇，留意金屬傷、開刀受傷碰撞。避免被打擊，凡事不可輕舉妄動。

十 癸干 貪狼化忌：

大意或太樂觀導致競爭失利。防範被奪愛。小心染不良喜好而惹禍。因色惹禍。所以不宜出入娛樂場所。

2 流年兄弟宮化忌

兄弟宮化忌：主平輩、競爭對手、朋友、兄弟姊妹、同學拍檔、同行、鄰居等帶來的不利。

一 甲干 太陽化忌：

瞞騙，不可相信平輩或與人合作。 防男性平輩帶來不利。

二 乙干 太陰化忌：

財物損失。 貪小便宜陷入他人陷阱。女性友人帶來不利(如債務或人事糾紛)。

三　丙干　廉貞化忌：

傷心事發生。不要輕易接納平輩建議。防有受傷、官非、不良手段，對平輩、拍檔言行舉動小心。

四　丁干　巨門化忌：

官司、口角。盡可能不要合夥或與人磨擦。

五　戊干　天機化忌：

陰謀計畫失敗。不宜與平輩合作或相信平輩，小心被暗算。

六　己干　文曲化忌：

盜、騙，不宜與平輩合作或相信平輩、合約、承諾不可輕信。

七　庚干　天同化忌：

傷心或與平輩不合，大破敗，不宜與平輩合作或相信平輩。

八　辛干　文昌化忌：

毀約與誤會，不宜與平輩合作或相信平輩。

九　壬干　武曲化忌：

決裂、破敗失財，不宜與平輩合作或相信平輩。

十　癸干　貪狼化忌：

玩樂、喜好惹禍，與人競爭失利，不宜與平輩合作。

3.　流年夫妻宮化忌

夫妻宮化忌：配偶或異性帶來不利，或自己問題，而讓配偶憂心。

一　甲干　太陽化忌：

　　小心自己或配偶被異性欺騙而遭判斷錯誤，女命當年不宜結婚，男性創業暫緩（沖事業宮）。

二　乙干　太陰化忌：

　　自己或配偶被引誘招禍。配偶破財。男命當年不宜結婚，女性無力創業（沖事業宮）。

三　丙干　廉貞化忌：

　　配偶傷心（夫妻感情不順）或受傷流血。配偶有隱瞞或卑劣計謀。

四　丁干　巨門化忌：

　　配偶不和、官訟、意見不合、口角，隱瞞。

五　戊干　天機化忌：

配偶有陰謀、夫妻有心結、溝通問題。

六　己干　文曲化忌：

文曲也主語言口才，配偶言語有騙、盜。或出現一些有關如被告、離婚、解雇、毀約不好的文書。

七　庚干　天同化忌：

配偶情緒不安寧或心中有事、情緒不安定、傷心事。或心緒不寧、超乎現實引起大破敗。

八　辛干　文昌化忌：

配偶有不良性質文書解雇，離婚與誤會，毀約，喪事（與文曲略同）。

九　壬干　武曲化忌：

配偶有破財周轉困難，決裂、挫折、打擊。金屬造成

碰撞傷害。

十　癸干　貪狼化忌：

配偶有失意、爭吵或被奪愛，不良習性（交際應酬、浪費金錢），出乎意料之事。

4 流年子女宮化忌

子女宮化忌：指子女、屬下帶來不利。

一　甲干　太陽化忌：

與晚輩人際關係的損害，防晚輩被欺騙，或言語決定受晚輩欺騙，或男晚輩欺瞞。

二　乙干　太陰化忌：

與女親晚輩人際關係的損害，小心晚輩被引誘，投資招禍失誤，自己受晚輩欺騙，或女晚輩欺瞞。

三 丙干 廉貞化忌

小心與晚輩傷感情間的挫折或手段卑劣，或與晚輩起衝突時受傷。

四 丁干 巨門化忌：

與晚輩官訟、口角。

五 戊干 天機化忌：

被晚輩陰謀計算，或因晚輩計畫失誤或延宕。

六 己干 文曲化忌：

被晚輩盜，騙，提供錯誤資訊或文書計畫引發麻煩。

七 庚干 天同化忌：

與晚輩間偶有情緒糾結而傷感情，或病或情緒不寧。

八　辛干　文昌化忌：

與晚輩間文書立約要特別小心，避免毀約，或提供錯誤資料，產生誤會。

九　壬干　武曲化忌：

因晚輩破財周轉困難，決斷，受傷。 小心金屬造成大傷害。

十　癸干　貪狼化忌：

子女、好的屬下被對手奪愛，帶來不利、爭吵而致心緒不寧。

5 流年財帛宮化忌

一　甲干　太陽化忌：

因男性欺瞞而損失金錢，被騙而導致失去信譽受損。

二 乙干 太陰化忌：

被女親引誘投資招禍失誤，或自己因女性欺騙失財。

三 丙干 廉貞化忌：

因財傷感情或因親人而必須花錢，或用手段騙財。

四 丁干 巨門化忌：

因財造成口舌是非、官訟、破財。

五 戊干 天機化忌：

因失誤、延誤、陰謀破財，或計算失誤，或恐慌、慌亂下做的決策錯誤失敗。

六 己干 文曲化忌：

因盜、騙，文書錯誤失財。

七 庚干 天同化忌：

因財失算受損，導致心理不平衡，或用了不該必花用的錢。

八 辛干 文昌化忌：

罰款，毀約，文書錯誤，破財。

九 壬干 武曲化忌：

金錢出現周轉不靈，因短慮衝動擴大開銷而破財。

十 癸干 貪狼化忌：

因愛好、品味浪費、虛擲金錢，或投資虛擲大錢在事業上。

6 流年疾厄宮化忌

一　甲干　太陽化忌：

頭、心臟、眼睛。

二　乙干　太陰化忌：

眼睛、神經系統、內分泌、泌尿系統。

三　丙干　廉貞化忌：

膿血，開刀手術、婦科、心臟、血病、性病或過敏感症。

四　丁干　巨門化忌：

口、舌。

五　戊干　天機化忌：

肝、膽、神經系統、面部痙攣、四肢關節、失眠、神
經衰弱。

六　己干　文曲化忌：

硬塊、斑點、結石。

七　庚干　天同化忌：

生殖系統、腎、下體部位、神經衰弱、氣虛。

八　辛干　文昌化忌：

硬塊、斑點、結石。

九　壬干　武曲化忌：

手術開刀、牙痛、腫瘤、癌症、呼吸系統。

十　癸干　貪狼化忌：

生殖系統、腎、肝、膽、腸。

7. 流年遷移宮化忌

一 甲干 太陽化忌：

提防在外地勞碌(沖命宮)惹是非、惡性競爭，或在外地受欺騙多變動。防男性友人對自己欺瞞、人身攻擊名譽受損。

二 乙干 太陰化忌：

被設計投資或變動而招禍，失誤被蠶食，還有女性對自己不利欺瞞，小心破財。

三 丙干 廉貞化忌：

小心變動發生血光之災與傷感情。小心與國外人交易時招致卑劣手段。

四　丁干　巨門化忌：

　　小心因為在外地的變動，或外地人傷官訟是非。小心在外禍從口出，引起自己不利事情出現。

五　戊干　天機化忌：

　　因外地變動碰到陰謀或計算、決策錯誤導致失去機遇。

六　己干　文曲化忌：

　　因外地變動碰到毀約、盜、騙，文件誤植、數字不對，語言表達錯誤。

七　庚干　天同化忌：

　　小心在異地人、事、物的處理生變化，更不宜與人做大交易。出入歡樂場所皆不宜久留，要留注意安全，預防出事。

八　辛干　文昌化忌：

留意因異地人引起的變動，或毀約、犯規、寫錯文件等。

九　壬干　武曲化忌：

在外地因碰撞受傷，或變動決裂而破財。小心金屬傷。

十　癸干　貪狼化忌：

因在外地人、事、物的變動後而工作或事業不如意。最好盡可能不要出入容易惹禍場所交際應酬 (風月娛樂、八大場所)。

8 流年奴僕宮化忌

奴僕宮化忌：指夥計、下屬、奴僕帶來不利。

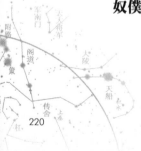

一　甲干　太陽化忌：

提防自己受朋友、奴僕欺騙，或奴僕做錯事損及名望。小心頭痛、心臟、目疾毛病。注意男夥計。

二　乙干　太陰化忌：

奴僕被人利誘收買因而讓自己損失錢財，或被侵佔，女性友人較對自己不利，或遇到格調不高的女性。

三　丙干　廉貞化忌：

小心與奴僕、友人間情感挫折，受其報復。下屬有血光之災，下屬有隱瞞，不可過度信任。

四　丁干　巨門化忌：

與下屬有爭執、因下屬而有傷官訟是非，或下屬多說話惹禍。

五　戊干　天機化忌：

下屬恐有陰謀計算小心防範，下屬言多惹禍，計畫因下屬失誤或延誤或跳槽。

六　己干　文曲化忌：

因下屬盜騙毀約、寫錯文書，跳槽。

七　庚干　天同化忌：

小心與下屬傷感情，或與下屬有感情困擾招禍，造成情緒不安、心思焦慮。

八　辛干　文昌化忌：

因下屬犯規出錯文件而離開工作崗位、更不可幫屬下、友人擔保或借貸等。

九　壬干　武曲化忌：

因下屬而破財、挫敗，或有金屬傷。慎選屬下、友人。

凡事要聲明在前，才可讓挫敗機會降低。

十　癸貪狼化忌：

友人、屬下恐成為自己敵手，若其有不良嗜好，不可

過度相信，尤其擔任重要事務。

9 流年事業宮化忌

一　甲干　太陽化忌：

提防自己工作環境上受欺騙、心境不愉快、名譽遭

損。

對男的同事互動保持適當距離，減少不必要的憂慮與

爭執。

二　乙干　太陰化忌：

提防自己工作上利益被女性設計、引誘惹禍，在工作環境上，女性同事較難溝通，或因女性之故讓事業波動大。

三　丙干　廉貞化忌：

提防自己工作環境上，碰到刁鑽陰劣手段，遭到損失。 工作不要急於求快避免受傷，亦不可自尋煩惱而傷思緒。

四　丁干　巨門化忌：

工作上多口舌是非，或工作事情錯誤與上司、同僚爭執而惹官非。

五　戊干　天機化忌：

工作環境上遇到變遷、陰謀，計畫失誤。 不守一業見異思遷而轉錯工作。思想浮動、不能專心，在機器操作

的工作上要格外小心出錯而傷。

六　己干　文曲化忌：

文書契約失誤引起麻煩、說錯話、商業來往上金錢被盜騙。

七　庚干　天同化忌：

小心工作地方有災禍，導致須重新建立。有時常被感情困擾會有工作情緒低落，要注意身體健康，天同化忌時，盡量安於一業，減少工作波動，少費神。

八　辛干　文昌化忌：

文書因他人出錯而辭職、解雇等（留意遷移宮與田宅是否有忌星）。文昌化忌不可為他人借貸或擔保。學業容易中斷。

九　壬干　武曲化忌：

因工作與人決裂反目。流年武曲化忌在事業當年不宜創業。因工作有金屬傷。因工作關係花費金錢。

十　癸干　貪狼化忌：

小心因工作應酬耗費金錢(須用在刀口上)、惹禍。不可太多方經營徒增疲累，避免事倍功半。工作領域上避免桃花。

10　流年田宅宮化忌

流年田宅宮化忌：這年不宜設公司尤其生年或大限年，不可孤注一擲，必引發破敗。

一　甲干　太陽化忌：

損及男親，多注意健康、低調行事。太陽化忌影響財祿，防資產上受欺騙。男女性因男性而被拖累。

二　乙干　太陰化忌：

提防因女親友而有所損失，或被慢性侵佔資產，盜騙。

男女性因女性而被拖累。

三　丙干　廉貞化忌：

宅中親人有較不平安之象，或因為爭產，行事不順遂，傷感情，也需防意外造成血光之災。

四　丁干　巨門化忌：

宅中多口舌是非，多忍讓，禍從口出，言行三思，小心變成惹官訟爭執。

五　戊干　天機化忌：

宅中變動 (感情困擾、事業變動、內心焦慮) 極大。注意環境周遭機器帶來傷害或欺詐。

六 己干 文曲化忌：

　　防範資產出現文件契約問題，帶來盜騙、詐欺。

七 庚干 天同化忌：

　　宅中晚輩身心靈出問題產生困擾，影響事業，造成敗家、家中不安寧，多小心。

八 辛干 文昌化忌：

　　家中或公司資產出現文書契約等問題。

九 壬干 武曲化忌：

　　家中主要收入者收入、財力有損，影響支出。或家中有浪費情況破產之象。

十 癸干 貪狼化忌：

家中子女為因嗜好收藏而虛擲金錢而敗財。

11. 流年福德宮化忌：主精神困擾

一 甲干 太陽化忌：

會因為男性而引起的人際關係，不如己意或不順，被
欺騙、記錯事情。

二 乙干 太陰化忌：

與女性緣份淺，言語溝通不良而引起，或客觀環境被
引誘。

三 丙干 廉貞化忌：

六親帶來的感情挫折導致精神困擾。感情被欺騙。

又被耍手段。自己要學會 forgive and forget 放下，不
然會有傷害自己的行為。

四　丁干　巨門化忌：

　　口舌是非，不招自來。不可過份挑剔、爭辯引發事端和困擾，影響心情。

五　戊干　天機化忌：

　　有慌亂，靈動減少，計畫延誤、失策導致失去機會。心情易焦慮、困惑不安導致決策錯誤或受恐嚇之事。

六　己干　文曲化忌：

　　不必要的誤會，記錯事情，文書出錯引起麻煩，或盜騙金錢損失。

七　庚干　天同化忌：

　　感情困擾、心情不寧有傷心事，多疑慮自卑，心思焦慮。

八 辛干 文昌化忌：

記錯事情，文書出錯。

九 壬干 武曲化忌：

受打擊，有決裂感情出現問題，武曲化忌較短慮產生困擾，事情力不從心，精神壓力大。

十 癸干 貪狼化忌：

貪狼化忌會有不良嗜好或被奪愛、爭吵、感情困擾、心緒不寧。

12. 流年父母宮化忌

流年父母宮化忌：主長輩、父母、上司、公司所帶來的問題。

一 甲干 太陽化忌：

受上司壓抑、不合。被蒙蔽欺騙、或男親健康問題、自己健康問題、父母緣較薄。

二 乙干 太陰化忌：

因女性父母緣較薄，干預而引起難溝通，心中有難以言喻隱衷或被引誘。

三 丙干 廉貞化忌：

與長輩或職場上司鬥氣，對己不利，又被耍手段。

四 丁干 巨門化忌：

口舌是非、官司，失望、煎熬、對自己不滿意。

五 戊干 天機化忌：

懷疑自己、沒信心、鑽牛角尖。

六　己干　文曲化忌：

盜騙、誤會、毀約、麻煩、詞不達意。

七　庚干　天同化忌：

情緒化、神經衰弱 (父疾線)，令自己困擾，氣息虛弱 (父疾線)。

八　辛干　文昌化忌：

誤會、學業中斷、毀約、犯規、文字起紛擾。

九　壬干　武曲化忌：

決裂、態度強硬、挫折感、健康不佳。

十　癸干　貪狼化忌：

長輩父母有不良嗜好致禍，或客戶被人所奪，或對自己不滿。

以命盤十二宮位
天干四化解盤（命盤示範）

例一 A女（命盤圖來自網路）

辛巳【交友宮】 大限：76-85 天相地	壬午【遷移宮】 大限：66-75 天梁廟，文曲	癸未【疾厄宮】 大限：56-65 廉貞利，七殺廟	甲申【財帛宮】 大限：46-55 文昌，祿存
庚辰【事業宮- 身宮】 大限：86-95 巨門陷	陽曆： 陽女 干支：庚申年		乙酉【子女宮】 大限：36-45 地劫，擎羊
己卯【田宅宮】 大限：96-105 紫微旺，貪狼利	生年四化：武曲化權，太陰化科， 太陽化祿，天同化忌		丙戌【夫妻宮】 大限：26-35 天同平，右弼
戊寅【福德宮】 大限：106-115 天機地，太陰旺	己丑【父母宮】 大限：116-125 天府廟	戊子【命宮】 大限：6-15 太陽陷	丁亥【兄弟宮】 大限：16-25 武曲平，破軍平

命格分析：(information 可參考電腦命盤)

a 文星拱命格，聰明多才多藝。

b 雙祿交流格，又稱祿合鴛鴦格。有財源，在事業上有成富的機運。

個性分析：

太陽於子宮，個性平易近人，細心內斂。聰明反應佳，人緣好，厚道，聰明，耿直。太陽於子失輝落陷，一生較辛勞忙碌，心浮氣躁，魄力不足，凡事要腳踏實地才好。

（參考 P300 命、遷，陽、梁於子、午）

命遷：陽命(子)，梁遷(午)。

夫妻宮：天同(辰、戌)。

夫妻宮，感情有穩定、享福的特質。另一半缺少恆心、懶散拖延，沒執行力。婚前多考量，婚後多鼓勵與包容。女性喜歡的男生幽默聰明謙虛、人緣好、口才佳、有赤子

心、感情豐富，喜好悠閒生活。男性喜歡的女生，親切樂觀、溫和、善良、熱心服務、樂於助人、注重生活品味。

最佳婚姻對象：天同坐命。

次佳婚姻對象：紫、府、陰、武、相、梁坐命。

最凶婚姻對象：陽、巨坐命。

喜歡交朋友，富正義感，因而惹無謂麻煩。個性有服務熱忱、會與人分享、宏觀角度看事、正直、光明博愛、正義特質，主觀意識強、喜運動。會燃燒自己照亮別人，會付出心力照顧身邊的人。財帛，先天對財務掌握力較弱，以穩健賺錢與儲蓄較合適，高風險、變動投資不要輕易嘗試，錢財才會累積。事業，在追尋目標接受挑戰時，加上壓力大，要注意工作中的溝通協調，避免口舌而惹上是非，要多說好話。福德，思慮多，強烈企圖心，面對競爭與挑戰，身心易承受壓力，也因外務影響而自尋煩惱，容易勞心勞力，經過自己打拼努力，會有很好的物質享

受，晚年福報很不錯。會燃燒自己照亮別人，會付出心力照顧身邊的人，但易衝動、主觀意識強，要懂得控制自己情緒。

生年十二宮干四化

化祿（財祿）：

化祿代表豐富、生發、好事、忙碌、人緣，財祿，在命宮有化祿的人，好相處，較能用圓滑與人溝通。

1. 命 化祿入田宅宮：有置產力、喜歡居家生活。

2. 兄 化祿入福德宮：投你所好。

3. 夫 化祿入夫妻宮：自我享樂、有進財之能力。

4. 子 化祿入福德宮：子女孝順，會投你所好。

5. 財 化祿入疾厄宮：有錢就怕死。

6. 疾 化祿入兄弟宮：無特別意義。

7. 遷 化祿入遷移宮：喜出外、人際中如魚得水。

8. 部 化祿入官祿宮：在事業工作上得助力。

9. 事 化祿入命宮：工作狂熱、樂在工作中。

10. 田 化祿入兄弟宮：無特別意義。

11. 福 化祿入田宅宮：顧家、置產。

12. 父 化祿入兄弟宮：疼愛兄弟。

化權（權力）：

代表成長、壯盛、積極、強硬、行動、衝突、主導、成就於、才幹、負責、開創。在命宮，會有強勢氣勢。情緒容易不穩定（要有放開心胸，才有善緣）。

1. 命 化權入福德宮：自我約束力強、較具恆心與耐心、不輕易改變。

2. 兄 化權入夫妻宮：關心你的感情。

3. 夫 化權入福德宮：管理你的嗜好、興趣。

4. 子 化權入遷移宮：得子女協助人際之發展。

5. 財 化權入兄弟宮：適當支助朋友或兄弟

6. 疾 化權入官祿宮：有健康才能在事業上開創。

7. 遷 化權入田宅宮：可於他鄉置產。

8. 部 化權入命宮：因此而有學習上的機會。

9. 事 化權入兄弟宮：有公事才有私交。

10. 田 化權入田宅宮：以家為中心、家族力影響很大。

11. 福 化權入福德宮：自律性高、自我約束。

12. 父 化權入田宅宮：主導財產支配，干預居家內外事。

化科（科名）：

代表貴人、得到幫助、聲譽、學術、理智，在命宮會顯得有質感、高貴與清新脫俗氣質。

1. 命 化科入夫妻宮：對配偶或異性很好。

2. 兄 化科入福德宮：投你所好。

3. 夫 化科入財帛宮：對你的財務上的實質幫助。

4. 子 化科入田宅宮：得子女、榮顯光耀門楣。

5. 財 化科入兄弟宮：對兄弟、好友適當支助。

6. 疾　化科入福德宮：健康的身體，滿足自己的享受。

7. 遷　化科入官祿宮：有貴人給予事業上的機會，有利
　　　於功名。

8. 部　化科遷移宮：得到助力能擴展、建立形象。

9. 事　化科入福德宮：樂在其中、如魚得水。

10. 田　化科入遷移宮：有助於對外人際與形象關係。

11. 福　化科入夫妻宮：對配偶很好、盡力予以滿足。

12. 父　化科入遷移宮：協助這方面關係之開展。

化忌（是非）：

　　忌是執念、阻礙、損失、變動、災厄、付出，多忌必
生苦悶，也代表結束、收藏、緣滅、管束或轉機。

1. 命　化忌入福德宮：自我矛盾、自困難解。

2. 兄　化忌入官祿宮：對你的事業有阻礙。

3. 夫　化忌入疾厄宮：會影響你的健康。

4. 子　化忌入福德宮：子女不肖或不屑本人的所作所為。

5. 財 化忌入命宮： 有財務上的煩惱。

6. 疾 化忌入田宅宮：因健康而影響家運與生殖力、

7. 遷 化忌入兄弟宮：沒什麼意義。

8. 部 化忌入財帛宮：有損財務。如：詐財、倒會等。

9. 事 化忌入夫妻宮：因此而無緣或難和。

10. 田 化忌入遷移宮：因此受限而難展。

11. 福 化忌入福德宮：自困自囚、難解、想不開。

12. 父 化忌入遷移宮：擔心不喜歡，你這一層的關係。

例二B女（命盤圖來自網路）

乙巳【兄弟宮】 大限:12-21 天府地、文曲 右弼	丙午【命宮】 大限:2-11 天同陷，太陰陷	丁未【父母宮】 大限:112-121 武曲廟，貪狼廟	戊申【福德宮-身宮】 大限:102-111 太陽地，巨門廟
甲辰【夫妻宮】 大限:22-31 華蓋	:陽女 干支：壬辰年		己酉【田宅宮】 大限:92-101 天相陷、文昌 左輔
癸卯【子女宮】 大限:32-41 廉貞平，破軍陷	生年四化：紫微化權，左輔化科，天梁化祿，武曲化忌		庚戌【事業宮】 大限:82-91 天機利，天梁廟
壬寅【財帛宮】 大限:42-51 空亡，天馬	癸丑【疾厄宮】 大限:52-61 寡宿	壬子【遷移宮】 大限:62-71 地空，擎羊	辛亥【交友宮】 大限:72-81 紫微旺，七殺平

命格分析：(information 可參考電腦命盤)

機月同梁格是所謂機月同梁做吏人。適合任職於公家機構，從事軍公教等職務。

祿馬交馳格主雖奔波勞累但能因而得財。

因天同於午，與太陰同宮，心地善良，仁慈厚福，不怕凶危，善策劃有才能及分析力，做事比子宮有衝勁，為人隨和，不計得失，忙碌辛苦能卻克盡職守，但應防桃花、酒色而失敗。

參考：P318 命宮天同、太陰（午）。遷無主星（子）

命遷：同、陰命（子），無遷（午）。同、陰命（午），無遷（子）。

夫妻宮，對感情掌握度較弱，有變化浮動特質，但也有遇難呈祥。一見鍾情不適合，不宜早婚，交往時間要拉長，對感情要多一份堅持。另一半有善變、優柔寡斷、保守、神經質、缺乏安全感、積極度不夠。女性喜歡的男生，

聰明、清高、有正義感、有創意、有幽默感、同情心。男性喜歡的女生，大方、心思細膩、有正義感、有女人味、有才華溫柔體貼。

最佳婚姻對象：紫、府、陽、相坐命。

次佳婚姻對象：機、梁坐命。

最凶婚姻對象：貪坐命。

次凶婚姻對象：廉、同坐命。

屬於文人格局，樂觀、希望、光明、勇氣、有愛心、耐心，感情豐富、樂於分享、服務熱忱、喜歡精神與物質享受。個性溫和，適合在穩定中成長，工作兼享樂是你最希望的。財帛，天生求財能量較弱，過程會感到勞心勞累，但努力過後會有收穫。高風險變動的理財不要嘗試。穩健方式理財才好。事業、工作具有變動、公平、辛勞性，但變動中依然會有收穫。會注意事業發展，如果堅守自己崗位盡責，在工作中自然會有所表現。多幫助與照顧人，自然會有更多回報。容易有三分鐘熱度、喜愛玩樂，在事業

上會不夠積極而失先機。福德，要再努力過，才會有所收穫，多思考如何設定目標。求財、感情及人際關係掌握度較弱，要訂立自己目標，結交益友、遠離損友，培養積極主動習慣。

例二　生年宮干四化

化祿（財祿）：

化祿代表豐富、生發、好事、忙碌、人緣，財祿，在命宮有化祿的人，好相處，較能用圓滑與人溝通。

1. 兄　化祿入 事業宮：對事業有幫助。
2. 夫　化祿入 子女宮：疼愛子女，性生活美滿。
3. 子　化祿入 子女宮：子女帶來財運。
4. 財　化祿入 事業宮：喜歡事業、成就、投資、擴大。
5. 疾　化祿入 子女宮：無意義。
6. 遷　化祿入 事業宮：事業與工作在人際中得到發展。
7. 部　化祿入 福德宮：與部屬、同事關係良好。

8. 事 化祿入 福德宮：工作狂，施展抱負。

9. 田 化祿入 父母宮：孝順父母。

10. 福 化祿入 父母宮：孝順，在乎父母的感覺。

11. 父 化祿入 命宮：疼愛自己。

12. 命 化祿入 命宮：自我享樂，樂天。

化權（權力）：

　　代表成長、壯盛、積極、強硬、行動、衝突、主導、成就於、才幹、負責、開創。在命宮，會有強勢氣勢。情緒容易不穩定 (要放開心胸，才有善緣)。

1. 命 化權入 事業宮：在工作和事業上具有高度開發能力與管理。

2. 兄 化權入 事業宮：關心你的事業和工作。

3. 夫 化權入 子女宮：管教子女嚴肅與重視。

4. 子 化權入 福德宮：子女孝順。

5. 財 化權入 交友宮：有原則。

6. 疾 化權入 福德宮：因為健康有為，有所不為。

7. 遷 化權入 交友宮：無意義。

8. 部 化權入 福德宮：關係良好。

9. 事 化權入 父母宮：得到父母關心和建議。

10. 田 化權入 父母宮：傳統保守。

11. 福 化權入 命宮：自我約束，管理。

12. 父 化權入 命宮：約束管理大，干預也多。

化科（科名）：

　　代表貴人、聲譽、得幫助學術、理智，在命宮會顯出質感、高貴與清新脫俗氣質。

1. 命 化科入 田宅宮：喜歡美麗居家環境與佈置。

2. 兄 化科入 交友宮：對你朋友、同事和善。

3. 夫 化科入 父母宮：對父母孝順

4. 子 化科入 命宮：有合夥的助力，子女孝順有助力，性生活美滿。

5. 財 化科入 田宅宮：財守，積產多。

6. 疾 化科入 命宮：健康才是一切基礎。

7. 遷 化科入 田宅宮：榮祖，置產有幫助。

8. 部 化科入 兄弟宮：無特別意義。

9. 事 化科入 命宮：因工作或事業而有科名，貴人，享
   樂於工作中。。

10. 田 化科入 事業：有助於事業上的發展。

11. 福 化科入 兄弟宮：對兄弟朋友有助力。

12. 父 化科入 事業宮：有助於事業和學業的成就。

化忌（是非）：

忌是執念、阻礙、損失、變動、災厄，付出多忌必生
苦悶，代表結束、收藏、緣滅、管束或轉機。

1. 命 化忌入 子女宮：與子女不和，無緣、與合夥人不
   歡而散。性生活不滿足。

2. 兄 化忌入 命宮：與你不和、思想與價值觀均背道而

馳。

3. 天 化忌入 福德宮： 有背叛之嫌與你精神、興趣及價
　 值觀不合。

4. 子 化忌入 父母宮： 子女與上一代無緣。

5. 財 化忌入 父母宮： 不能以財務孝順。

6. 疾 化忌入 父母宮： 得自遺傳之身體不佳、為父母操
　 心。

7. 遷 化忌入 父母宮： 因此而讓父母操心、不安。

8. 部 化忌入 田宅宮： 無特別意義。

9. 事 化忌入 命宮：努力、操心、操勞。

10. 田 化忌入 兄弟宮： 無特別意義。

11. 福 化忌入 官祿宮：憂心工作事業之升遷與展望、

12. 父 化忌入 福德宮：不喜歡你的一些行為、樂趣、習
　 慣等等。

例三C男（命盤圖來自網路）

己巳【福德宮】 大限:26-35 紫微旺，七殺平， 文昌，八座，臨 官，小耗	庚午【田宅宮】 大限:36-45 地空，	辛未【事業宮】 大限:46-55 火星，天鉞，天 官，紅鸞，寡宿，	壬申【交友宮】 大限:56-65 截路，天殤
戊辰【父母宮】 大限:16-25 天機利，天梁廟， 右弼，	陽曆：2004 年　陽男 干支：甲申 巳時		癸酉【遷移宮】 大限:66-75 廉貞平祿，破軍 陷權，文曲，，空 亡
丁卯【命宮】 大限:6-15 天相陷，鈴星， 擎羊	生年四化：破軍化權，武曲化科， 廉貞化祿，太陽化忌 命主：文曲，身主：天梁		甲戌【疾厄宮】 大限:76-85 左輔
丙寅【兄弟宮】 大限:116-125 太陽旺忌，巨門 廟，祿存，	丁丑【夫妻宮- 身宮】大限 106- 115 武曲廟科，貪狼 廟，陀羅，天魁	丙子【子女宮】 大限:96-105 天同旺，太陰廟，	乙亥【財帛宮】 大限:86-95 天府地，

PS：

以下 information 參考電腦命盤吉凶（正確性有 7、80 分以上（純筆者觀點），自製成曲線圖方便一目了然。

1. **府相朝垣格**，可衣食無憂。做官或主管，機運佳。

2. **權祿巡逢格**，利於事業穩定發展經營。

3. **刑忌夾印格**，天梁可化氣為刑，有刑星的煞氣。化忌和天梁夾天相，稱為刑忌夾印格。擎羊帶有刑氣，化氣為刑。化忌和擎羊夾天相，也稱為刑忌夾印格。此格生人應注意刑傷、剋害、破敗、災厄（**人我之間以和為貴，切記得饒人處且饒人**）。

因天相於卯，對宮為廉貞與破軍、天相皆為落陷，會照天府是地，所以此人為人保守穩重，處事小心謹慎，但多思慮、較為勞心。

但命宮會照到化祿星，是能增強天相星的理財能力。

命格解析：

性格沉穩，思慮周密。有正義感。樂於助人，慷慨有同情心。

注重外表，擅長溝通協調。

辦事能力強，謹慎認真，得上司賞識，為得力的助手。一展長才。

談話內容有見地。不可過於謹慎保守，要付諸實踐。

外交折衝能力強，有服務心，親和力高。

以下（參閱 P349 相命（卯），廉、破遷（酉））

命遷：相命（卯），廉、破遷（酉）。 相命（酉），廉、破遷（卯）。

夫妻宮，有變動特質、不宜早婚。多交往一段時間，婚前仔細考量，婚後用心經營。另一半剛硬獨立、固執不服輸、慾望多、以自我為中心、易忽略你的感受。女性喜

歡吃苦耐勞、有正義感、責任感、事業企圖心、有主見剛直的男生。男性喜歡 多才多藝、能言善道、有效率、有品味、果決浪漫、有原則、對美有鑑賞力的女生。

最佳婚姻對象：紫、武坐命。

次佳婚姻對象：巨、陰、陽、同、府、梁坐命。

最凶婚姻對象：廉、相坐命。

不會隨他人起舞，穩重踏實，心中自有主見。善於協調與溝通，有親和力、同情心、多才多藝、樂觀、誠懇、穩重，會顧全大局。財帛，財源穩定度高，努力後就能有收穫及累積錢財，投資變動大，要小心財富在投資中消失。謹慎理財。事業，有變動特質，掌握度也較低，承擔大任能力較弱。努力勇敢面對挑戰與困難，就能補能量的不足。福德，有很好的抗壓性，在煩擾時能調適取得平衡。適合在穩定中求發展，也會缺敏感度、企圖心錯失機會，要把握機會。

例三 生年命盤

（生年命盤從電腦或手機等科技取得命盤，自己從中
畫出吉凶。）

	大吉	吉	平	凶	大凶	化祿、化權、化科、化忌
命　宮 （卯）			V			
兄弟宮				V		太陽化忌（防與兄朋有債務或 糾紛）
夫妻宮 （身宮）		V				武曲化科（配偶能力強、體貼）
子女宮				V		
財帛宮				V		
疾厄宮			V			
遷移宮		V				廉貞化祿（有異性緣，得助）、 破軍化權（主驛馬、奔波）
交友宮 （部屬）			V			
事業宮 （官祿）			V			
田宅宮			V			
福德宮		V				
父母宮		V				

Ps：生年祿、權、科、忌參閱 P196-202

例三 十年大限線曲線圖

（十年大限命盤從電腦或手機等科技取得命盤，自己從中畫出吉凶曲線。）

	大吉	吉	平	凶	大凶	化祿	化權	化科（貴人）	化忌（注意）注意事項。
第一大限									
第二大限						子女宮	財帛宮	天機化忌 父母宮	天機化忌（敏感，不開朗）父母宮
第三大限						財帛宮	財帛宮	兄弟宮	事業宮（契約、借貸）文曲化忌
第四大限						財帛宮	疾厄宮	遷移宮	遷移宮（身體、人際關係）天同化忌
第五大限						疾厄宮	疾厄宮	福德宮	夫妻宮 文昌化忌
第六大限						財帛宮	子女宮	福德宮	交友宮 武曲，小心損友，或爭執
第七大限						命宮	交友宮	田宅宮	事業宮（不宜從事投機生意或創業）
第八大限						兄弟宮	兄弟宮	田宅宮	事業宮（不宜從事投機生意與男性創業）

第 2 大限 :2019 春節 ~2029 (16-25 歲)

第 3 大限 :2029 春節 ~2039 (26- 35 歲)

第 4 大限 :2039 春節 ~2049 (36-45 歲)

第 5 大限 :2049 春節 ~2059 (46-55 歲)

第 6 大限 :2059 春節 ~2069 (56-65 歲)

第 7 大限 :2069 春節 ~2079 (65-75 歲)

例三 第二大限命盤

（從電腦或手機科技取得命盤，自己從中畫出吉凶曲線。）

（此例已走在第二大限）

第二大限流年線 :2019 春節 ~2029 （16-25 歲）

歲	大吉	吉	平	凶	大凶	化祿	化權	化科（貴人）	化忌注意事項。
16			V			福德宮	福德宮	交友宮	夫妻宮
17			V			福德宮	父母宮	命宮	命宮
18		V				父母宮	父母宮	財帛宮	事業宮（文昌）（不可中途輟學）
19			V			福德宮	田宅宮	財帛宮	兄弟宮武曲（不可結交損友或與人爭執）
20				V		遷移宮	兄弟宮	子女宮	夫妻宮貪狼（女性友人交往小心）
21		V				交友宮	交友宮	子女宮	夫妻宮貪狼（女性友人交往小心）
22		V				兄弟宮	兄弟宮	命宮	疾厄宮太陰（眼睛或腎）
23		V				遷移宮	夫妻宮	兄弟宮	田宅宮廉貞（房子相關問題）
24				V		兄弟宮	兄弟宮	子女宮	疾厄宮巨門（不可過度酗酒招禍）
25		V				交友宮	事業宮	財帛宮	財帛宮天機（借貸、投資宜小心）

例三　第三大限命盤

（從電腦手機等科技取得命盤，自己從中畫出吉凶曲線。）

第三大限流年線：2029 春節~2039（26-35 歲）

歲	大吉	吉	平	凶	大凶	化祿	化權	化科	化忌注意事項
26			V			事業宮	財帛宮	疾厄宮	命宮 文曲
27		V				事業宮	田宅宮	福德宮	福德宮 天同
28				V		田宅宮	田宅宮	夫妻宮	遷移宮 文昌
29			V			事業宮	交友宮	夫妻宮	父母宮 武曲
30		V				財帛宮	父母宮	兄弟宮	命宮 貪狼
31				V		疾厄宮	疾厄宮	兄弟宮	命宮 太陽
32				V		父母宮	父母宮	福德宮	子女宮 太陰
33		V				財帛宮	命宮	父母宮	交友宮 廉貞
34			V			疾厄宮	疾厄宮	兄弟宮	子女宮 巨門
35		V				疾厄宮	遷移宮	夫妻宮	夫妻宮 天機

PS：流年化忌部分，參考 p.202-233

例三 第四大限命盤

（從電腦手機等科技取得命盤，自己從中畫出吉凶曲線。）

第四大限流年線 2039 春節~2049（36-45 歲）

歲	大吉	吉	平	凶	大凶	化祿	化權	化科	化忌 注意事項
36			V			遷移宮	遷移宮	子女宮	福德宮 文曲
37		V				遷移宮	交友宮	事業宮	事業宮 天同
38			V			交友宮	交友宮	命宮	財帛宮 文昌
39		V				遷移宮	疾厄宮	命宮	田宅宮 武曲
40				V		夫妻宮	田宅宮	父母宮	福德宮 貪狼
41				V		子女宮	子女宮	父母宮	福德宮 太陽
42		V				田宅宮	田宅宮	事業宮	兄弟宮 太陰
43			V			夫妻宮	福德宮	田宅宮	疾厄宮 廉貞
44				V		子女宮	子女宮	父母宮	兄弟宮 巨門
45		V				子女宮	財帛宮	命宮	命宮 天機

PS: 流年化忌部分，參考 p.202-233

例三 第五大限命盤

（從電腦手機等科技取得命盤，自己從中畫出吉凶曲線。）

第五限流年線 2049 春節~2059（46-55 歲）

歲	大吉	吉	平	凶	大凶	化祿	化權	化科	化忌 注意事項
46			V			財帛宮	財帛宮	夫妻宮	事業宮 文曲
47		V				財帛宮	疾厄宮	遷移宮	遷移宮 天同
48				V		疾厄宮	疾厄宮	福德宮	夫妻宮 文昌
49		V				財帛宮	子女宮	福德宮	交友宮 武曲
50			V			命宮	交友宮	田宅宮	事業 貪狼
51			V			兄弟宮	兄弟宮	田宅宮	事業宮 太陽
52			V			交友宮	交友宮	遷移宮	父母宮 太陰
53			V			命宮	事業宮	交友宮	子女宮 廉貞
54		V				兄弟宮	兄弟宮	田宅宮	父母宮 巨門
55			V			兄弟宮	夫妻宮	福德宮	福德宮 天機

PS: 流年化忌部分，參考 p.202-233

例三 第六大限命盤

（從電腦手機等科技取得命盤，自己從中畫出吉凶曲線。）

第六大限流年線 2059 春節 ~2069（56-65 歲）

歲	大吉	吉	平	凶	大凶	化祿	化權	化科	化忌 注意事項
56				V		夫妻宮	夫妻宮	父母宮	遷移宮 文曲
57			V			夫妻宮	子女宮	財帛宮	財帛宮 天同
58			V			子女宮	子女宮	事業宮	命宮 文昌
59		V				夫妻宮	兄弟宮	事業宮	疾厄宮 武曲
60				V		福德宮	疾厄宮	交友宮	遷移宮 貪狼
61			V			父母宮	父母宮	交友宮	遷移宮 太陽
62			V			疾厄宮	疾厄宮	財帛宮	田宅 太陰
63		V				福德宮	遷移宮	疾厄宮	兄弟宮 廉貞
64				V		父母宮	父母宮	交友宮	田宅宮 巨門
64			V			田宅宮	命宮	事業宮	事業宮 天機

PS: 流年化忌部分，參考 p.202-233

例三　第七大限命盤

（從電腦手機等科技取得命盤，自己從中畫出吉凶曲線。）

第七大限流年線　2069 春節 ~2079（66-75 歲）

歲	大吉	吉	平	凶	大凶	化祿	化權	化科	化忌 注意事項
66		V				命宮	命宮	田宅宮	財帛宮 文曲
67			V			命宮	兄弟宮	夫妻宮	夫妻宮 天同
68				V		兄弟宮	兄弟宮	福德宮	福德宮 文昌
69		V				命宮	父母宮	遷移宮	子女宮 武曲
70			V			事業宮	子女宮	疾厄宮	財帛宮 貪狼
71			V			田宅宮	田宅宮	疾厄宮	財帛宮 太陽
72				V		子女宮	子女宮	夫妻宮	交友宮 太陰
73	V					事業宮	財帛宮	子女宮	父母宮 廉貞
74			V			田宅宮	田宅宮	疾厄宮	交友宮 巨門
75			V			田宅宮	福德宮	遷移宮	遷移宮 天機

PS： 流年化忌部分，參考 p.202-233

例三 生年宮干四化

化祿（財祿）：

化祿代表豐富、生發、好事、忙碌、人緣、財祿。在命宮有化祿的人，好相處，較能用圓滑與人溝通。

1. 兄 化祿宮：子女疼愛晚輩。

2. 夫 化祿宮：子女疼愛子女，性生活美滿。

3. 子 化祿宮：子女子女帶來財運。

4. 財 化祿宮：父母孝順父母，光宗耀祖。

5. 疾 化祿宮：遷移出外活耀，切記不可逞強。

6. 遷 化祿宮：遷移喜歡出外，人際關係好。

7. 部 化祿宮：父母無意。

8. 事 化祿宮：兄弟工作上會提攜兄朋弟友。

9. 田 化祿宮：兄弟無意。

10. 福 化祿宮：夫妻全心付出，為尊重配偶。

11. 父 化祿宮：夫妻 疼愛配偶。

12. 命 化祿宮：子女 疼愛子女享受性生活，與人合夥不會計較。

化權（權力）：

代表成長、壯盛、積極、強硬、行動、衝突、主導、成就於、才幹、負責、開創。在命宮，會有強勢氣勢，情緒容易不穩定(要有放開心胸，才有善緣)。

1. 命 化權子女宮：重視子女教育。

2. 兄 化權父母宮：孝順父母。

3. 夫 化權子女宮：疼愛子女，享受性生活。

4. 子 化權父母宮：子女孝順。

5. 財 化權父母宮：孝順父母，光宗耀祖。

6. 疾 化權遷移宮：一切量力而為即可。

7. 遷 化權兄弟宮：無特別意義。

8. 部 化權福德宮：關係良好。

9. 事 化權兄弟宮：有工作上的互動才有交情。

10. 田 化權夫妻宮：家族具有影響力、約束力。

11. 福 化權夫妻宮：重視夫妻間互動。

12. 父 化權子女宮：重視孩孫教育。

化科（科名）：

代表貴人、聲譽、得幫助學術、理智。在命宮會顯出質感、高貴與清新脫俗氣質。

1. 命 化科 父母宮：會孝順父母。

2. 兄 化科 福德宮：讚同對你嗜好興趣。

3. 夫 化科 父母宮：對父母孝順。

4. 子 化科 福德宮：子女孝順有助力。

5. 財 化科 福德宮：重視感覺與享受。

6. 疾 化科 夫妻宮：配偶健康才是一切基礎

7. 遷 化科 子女宮：助於子女學習合夥上關係與傳承。

8. 部 化科 疾厄宮：無意義。

9. 事 化科 遷移宮：揚名於外面人際關係、形象佳。

10. 田 化科 子女宮：有助於子女學習上的環境。

11. 福 化科 父母宮：孝順。

12. 父 化科 父母宮：有成就、功名、人品佳。

化忌（是非）：

忌是執念、阻礙、損失、變動、災厄，付出多忌必生苦悶，代表結束、收藏、緣滅、管束或轉機。

1. 命 化忌入兄弟宮：與兄弟不和、助力無。

2. 兄 化忌入遷移宮：朋友、同事思想與價值觀不合。

3. 夫 化忌入兄弟宮：與你兄弟、朋友不和。

4. 子 化忌入遷移宮：與子女緣淺、聚少離多。

5. 財 化忌入子女宮：合夥小心、尤其財務。

6. 疾 化忌入兄弟宮：無特別意義。

7. 遷 化忌入夫妻宮：因此而夫妻失和不安。

8. 部 化忌入夫妻宮：造成夫妻失和。

9. 事 化忌入福德宮：操心煩惱而放棄嗜好與興趣。

10. 田 化忌入子女宮：生產要多注意。

11. 福 化忌入遷移宮：不善交際，人際中或外出會有不安全感。

12. 父 化忌入父母宮：父母會口角不和。

17

姻緣一線牽

主星坐夫妻宮的意義

A. 紫微（領導型）

夫妻宮有紫微，配偶老成、謙虛、賢慧優雅有威嚴、有責任感。擇偶挑剔，發號施令、自我為中心，忽略他人的感受。領導慾強、讓人感受壓力。宜晚婚。婚前要深思熟慮。

B. 天機（支援型）

天機具有動的本質，浮動多變、心思細膩，感情綿密，易有憂鬱傾向。天機在夫妻宮，容易早婚，易見異思遷，婚姻穩定性不夠，與配偶家人較難相處。規矩、有頭腦、具才華、反應靈敏、神經質，疑神疑鬼、缺乏信心。 化

忌的天機，容易有桃花。重視心靈的契合度，感情較被動。

C 太陽 （支援型）

配偶有膽識、熱情、處事有魄力、寬宏大量、能幹有才華、肯吃苦耐勞、不會計較、樂於助人肯付出。

太陽廟旺，以夫或妻為貴。

太陽落陷，相處多口角。

D 武曲（領導型）

夫妻宮有武曲，對婚姻較為理性現實，變化也大。配偶個性剛毅、性急、處事能力強，個性逞強。武曲對四化極為敏感，化忌尤甚。遇殺破狼，婚姻動盪不安。配偶注重外在，喜歡剛直有責任感的人。需要彼此有適當的距離較好。

E. 天同 （合作型）

天同在夫妻宮，有異性緣，感性重生活情趣，對情感隨和，容易感情用事、喜歡自在的生活。婚前對象的選擇應慎重，與異性交往要保持距離較好。喜歡被呵護，重視心靈的契合，貴人運強，桃花也強。

F 廉貞（開創型）

夫妻宮有廉貞，感情期望高、要求強烈、嫉妒心強、有幫夫運。

早婚感情易起變化，晚婚較好。懂人情世故。但自己情緒多變，防衛心強，所以選擇對象會猶豫。

G 天府（領導型）

天府謹慎、穩健、保守，在夫妻宮，夫妻感情平淡穩定，夫唱婦隨，婦唱夫隨，彼此都活耀，實質面重於精神面。桃花強，事業心重，對感情有大而化之，小心引起夫妻莫名困擾。

H. 太陰 （合作型）

太陰在夫妻宮細膩心慈，內向溫柔體貼，但善嫉耳根軟。較宜男命，有異性緣、藝術天份。感性浪漫內斂，喜歡有藝術天份的對象。夫妻以公教或以社福對象為佳、有共同朋友、增加彼此相聚時光。

I. 貪狼 （開創型）

貪狼在夫妻宮，感情的期待要求高。異性緣佳、熱情、多才多藝、儀表吸引人、任性倔強、喜歡新鮮刺激。個性隨興，也會喜歡才華洋溢的人。不喜歡乏味的生活，宜晚婚，不宜從事投機事業。

J. 巨門 （支援型）

巨門在夫妻宮，婚姻生活不免有口舌，易嫉妒，主觀猜疑喜怒形於色。夫妻緣薄，觀念不易溝通，婚姻不免爭執較波折。相處要忍讓，注意說話方式。

K.　天相（領導型）

　　天相在夫妻宮，配偶穩重踏實，多為同學、鄰居、同事或舊識。有責任感但交友複雜，意志不堅易受環境影響。天相幫配偶運很強，會重視對方的儀表與態度，喜歡謹慎規矩、思慮周全的對象。掌控慾高，無法忍受對方失控的行為，或思想和自己不同，不免彼此衝突。

L.　天梁（合作型）

　　天梁在夫妻宮，配偶有責任感，會關心別人、有宗教情懷。感情較固執，做事會拖延，喜歡自在的生活，有時喜歡獨處。喜歡成熟穩重、可靠有愛心的對象，婚姻雖波折與變化，婚前變動多，但婚後感情和諧，能同甘共苦。

M.　七殺（開創型）

　　七殺在夫妻宮，對感情要求強烈，掌控慾也強，尤其女性。

感情多變，缺乏情趣，獨立也較孤獨。有異國婚姻可能，或夫妻年齡間隔大，雖聚少離多，也能相惜互讓。配偶不宜從事投機事業。感性，缺乏耐性，會愛上不該愛的，也會因志趣不同而分手。

N. 破軍 （開創型）

破軍在夫妻宮，與異性交遊廣闊，喜歡獨自奮鬥，感情多曲折，婚姻價值獨特，喜歡無拘無束，易生婚外情、不利早婚。彼此分手後也會主動復合。

姻緣相生、相剋型

a. 開創型：殺、破、狼、廉。

b. 領導型：紫、相、府、武。

c. 支援型：陽、巨、機。

d. 合作型：同、陰、梁。

PS: 筆者叮嚀：

感情相生，婚前或許興趣相投、志同道合，但婚後未必是天作之合。婚姻中的感情相處，仍得靠彼此用智慧、打開心裡門窗，才能看到七彩春光、幸福美夢，祝福你們……

a. 開創型：殺、破、狼、廉。

對感情要求極高，支配慾高、愛恨分明。

注意事項：不宜早婚。年齡須有些差距。都是個性強悍、開創型宜當朋友，至於夫妻三思。不可介入多角戀情。感情與事業一起結合雖好，但衝突不免。

1. 開創型與開創型：既不相生也不相剋。相愛、分手想法、看法、表達方式一致。

2. 開創型：殺、破、狼、廉和領導型：紫、相、府、武。是相生型，是情感上的好搭檔。

3. 開創型：殺、破、狼、廉。和支援型：陽、巨、機。
   是相剋型，是情感上道不同志不合，較不來電。

4. 開創型：殺、破、狼、廉和合作型：同、陰、梁是相
   剋型。想法、看法、表達方式不一樣，相處不易。

b. 領導型：紫、相、府、武。

領導型伴侶務實、思慮周詳、性格強硬、不夠感性。
但有強烈的幫夫(妻)運。減少控制慾和固執。不可太過
現實，過於保守而失去機會。學習對人大方付出。

1. 領導型：紫、相、府、武。和領導型紫、相、府、武，
   既不相生也不相剋。同是領導型，想法、看法、聚散
   也可能一樣。

2. 領導型：紫、相、府、武。和開創型：殺、破、狼、廉。
   是相生型，是情感上的好搭檔。

3. 領導型：紫、相、府、武。和支援型：陽、巨、機。

是相剋型，情感上產生火花較不可能。

4.　　開創型：殺、破、狼、廉。和合作型：同、陰、梁

　　　是相剋型，想法、看法、表達方式不一致。

c　支援型：陽、巨、機。

　　支援型感情上較追求完美，對另一半有較高的期待。自己行動力不夠自信又不足，既要求對方也要求自己，偶爾會空想、憂鬱、自毀、多疑傾向。

　　注意事項：支援型的人，多疑有心機、好辯，積極力不足。缺乏獨立人格，會找理由龜縮。能有參與感，才會有成就感。

1. 支援型：陽、巨、機和支援型，既不相生也不相剋。
   同是支援型，想法、看法、表達方式一致。

2. 　支援型：陽、巨、機和開創型：殺、破、狼、廉，是
   相剋型，是情感上最不適合的，若一方年紀較大、心
   態成熟才可。

3. 支援型:(陽、巨、機。)和領導型:(紫、相、府、武。)
   是相剋型。支援型易受人影養。相處情感常產生 爭
   吵,意見不合。

4. 支援型:陽、巨、機和合作型:同、陰、梁是相生型。
   想法、看法,思考相似。

d 合作型:同、陰、梁

合作型心胸廣、不愛競爭、不喜歡權力,感性,婚姻
中較穩定。忍耐度高,但在事業的抗壓力弱,要找到溝通
方法才不會影響家庭。

1. 合作型:同、陰、梁和支援型:陽、巨、機是相生型。
   個性相似、想法、看法、表達方式一致。

2. 合作型:同、陰、梁和開創型:殺、破、狼、廉是相
   剋型,情感上最不適合,若一方年紀較大、心態成熟
   才可。

3. 合作型:同、陰、梁和領導型:紫、相、府、武是相剋型,相處情感上很辛苦。

4. 合作型:同、陰、梁和合作型:同、陰、梁是相生型,想法、看法、思考相似。

紫微斗數命、遷與夫、官（事業）
與財、福合奏命運交響曲

A. 紫微 （命宮）p.281-288

B. 天機 （命宮 ）p.288-295

C. 太陽 （命宮） p.296-304

D. 武曲（命宮） p.304-311

一 命遷：武、相命（寅），破遷（申）。　二 命遷：武、殺命（卯），府遷（酉）。

三 命遷：武命（辰），貪遷（戌）。　　四 命遷：武、破命（巳），相遷（亥）。

五 命遷：武、府命（子）殺遷（午）。　六 命遷：武、貪命（丑），無遷（未）。

E. 天同（命宮） p.312-319

一 命遷：同、巨命（丑），無遷（未）。　二 命遷：同、梁命（寅），無遷（申）。

三 命遷：同命（卯），陰遷（酉）。　　四 命遷：同命（辰），巨遷（戌）。

五 命遷：同命（巳），梁遷（亥）。　　六 命遷：同、陰命（子），無遷（午）。

F. 廉貞（命宮） p.320-328

一 命遷：廉、相命（子），破遷（午）。　二 命遷：廉、貪命（巳），無遷（亥）。

三 命遷：廉、殺命（丑），府遷（未）。　四 命遷：廉、府命（辰），殺遷（戌）。

五 命遷：廉命（寅），貪遷（申）。　　六 命遷：廉、破命（卯），相遷（酉）。

G. 天府（命宮） p.329-332

一 命遷：府命（卯），武、殺遷（酉）。　二 命遷：府命（丑），廉、殺遷（未）。

三 命遷：府命（巳），紫、殺遷（亥）。

H. 太陰（命宮） p.333-338

一 命遷：陰命（巳），天機遷（亥）。　二 命遷：陰命（辰），陽遷（戌）。

三 命遷：陰命（卯），同遷（酉）。　　四 命遷：陰、陽命（丑），無遷（未）。

I. 貪狼（命宮） p.338-342

一 命遷：貪命（子），紫遷（午）。　　二 命遷：貪命（辰），武遷（戌）。

三 命遷：貪命（寅），廉遷（申）。

J. 巨門 p.342-346

一 命遷：巨命（子），機遷（午）。　　二 命遷：巨命（巳），陽遷（亥）。

三 命遷：巨命（辰），同遷（戌）。　　四 命遷：巨、陽命（寅），無遷（申）。

K. 天相 p.347-351

一 命遷：相命（丑），紫、破遷（未）。　二 命遷：相命（巳），武、破遷（亥）。

三 命遷：相命（卯），廉、破遷（酉）。

L. 天梁 p.351-356

一 命遷：梁命（子），陽遷（午）。　　二 命遷：梁命（丑），機遷（未）。

三 命遷：梁、同命（寅），無遷（申）。　四 命遷：梁命（巳），同遷（亥）。

M. 七殺 p.357-360

一 命遷：殺命（寅），紫、府遷（申）。　二 遷：殺命（辰），廉、府遷（戌）。

三 命遷：殺命（午），武、府遷（子）。

N. 破軍 p.361-364

一 命遷：破命（寅），武、相遷（申）。　二 命遷：破命（子），廉、相遷（午）。

三 命遷：破命（辰），紫、相遷（戌）。

O. 命無正曜（沒有主星）p.364-379

一 命遷：無命（丑），同、巨遷（未）。　二 命遷：無命（卯），陽、梁遷（酉）。

三 命遷：無命（寅），同、梁遷（申）。　四 命遷：無命（巳），廉、貪遷（亥）。

五 命遷：無命（寅），機、陰遷（申）。　六 命遷：無命（卯），紫、貪遷（酉）。

七 命遷：無命（丑），陰、陽遷（未）。　八 命遷：無命（卯），機、巨遷（酉）。

九 命遷：無命（子），陰、同遷（午）。　十 命遷：無命（丑），武、貪遷（未）。

十一命遷：無命（辰），機、梁遷（戌）。十二命遷：無命（寅），陽、巨遷（申）。

筆者叮嚀：　打開手機或電腦找出個人的命宮遷移宮主星（**依照本單元命、遷還有夫、官（事業）與財福合奏命運交響曲單元**）就可以找出自己一生中命運的輪廓和大概（僅供參考）。

A. 紫微（命宮）

一、 命、遷：紫命（子），貪遷（午）。紫命（午），貪遷（子）。

夫妻宮：七殺（廟） 在辰、戌。

辰、戌是天羅地網坐夫妻宮，歷經艱辛而脫困，感情波折變化，要晚婚，最好選擇志同道合。婚後各自忙碌於工作。「殺」在夫妻宮，較不安定，感情男女不適合閃電結婚，婚前多考量，婚後多包容。

擇偶不可太理想化，不宜太在意對方形象、經濟條件，聚少離多也 OK。

七殺；剛強固執、獨立有個性、好猜忌、易衝動和愛發脾氣。

感情女性喜歡專情、主見、責任、正義感，領導進取，但對方不浪漫，事情會悶在心裡、以自我為中心的男生。男性喜歡聰明大方獨立，有助力，但個性佔有慾強，急性

子的女生。

最佳婚姻對象：府、同、相坐命。

最凶婚姻對象：貪坐命。

次凶婚姻對象：紫、破坐命。

個性強勢，有能力、主觀意識強，喜掌權、個性立場清楚。自尊心強，求好心切。財帛求財雖辛苦，努力付出必有收穫，若研究理財，能聚財富。

投資變化大，宜以穩健，急在短期較難聚財。事業：穩定，執著，有規劃。找適合穩健經營，不畏困難，將天生的潛能激發。福德（破軍）：三方四正有擔當能力強，內心亦高處不勝寒。凡事最好要保有彈性能屈能伸。

二、 命遷：紫、破命（丑），相遷（未）。紫、破命（未），相遷（丑）。

夫妻宮無主星，早生戀愛，感情多波折，易受異性迷惑。感情上具有不安定特質，不適合早婚，兩人盡可能培

養共同興趣。另一方容易情緒化，不信任感，要多些包容，才能減少衝突。

最凶婚姻對象：紫、武、廉坐命。

有辦事能力、主見、貴氣，領導力、主動積極、好惡分明。自尊心強、求好心切，愛自由。格局大，要選對合適的舞台。財帛，努力越多必收穫越多，錢財有起伏波動現象，應注意開源與節流。

事業：變化、競爭、辛苦、風險。事業心強，行業廣泛，耕耘就有收穫。福德：身心能維持平衡與穩定，簡單覺得愉快。主觀意識強，耐心不佳，易獨攬責任。父母無主星，多留意自己與長輩、上司間的人際關係。

三、命遷：紫、府命（寅），殺遷（申）。紫、府命（申），殺遷（寅）。

夫妻宮：破軍（子、午）

夫妻宮破軍，男女感情皆很強勢，另一半容易衝動，

事業心重，婚前多考量，婚後多包容，避免意見衝突，導致離異。女性喜歡聰明、獨立、主見、責任、有毅力、有研究進取精神、對工作有企圖心。男性喜歡勇敢，創意，喜惡分明、體貼善解人意。

最佳婚姻對象：機、府、陰、相坐命

最凶婚姻對象：破軍坐命。

有能力、主見，魄力、魅力，也具有幽趣感。個性尊貴、正直、穩重、喜掌權、聰明，慈悲、有領導慾。有生活品味，主觀意識強，喜藝術與文學。財帛：求財比較辛苦，容易財來財去，但不斷地努力就能激發凝聚財富。事業：很在乎工作主導權，在專業上，積極、有企圖心，也善於溝通與協調，有很強的生命能量，要注意團隊中的人際關係，適合在穩健工作中成長，只要在事業全力以赴，就能發展出成就。福德：對自己的要求較高。喜受人肯定與讚賞，以忙為樂，重視物質享受，若能在早年規劃好，則在晚年有好的物質與福報。

四、命遷：紫、貪命（卯），無遷（酉）。紫、貪命（酉），無遷（卯）。

夫妻宮：天府（丑、未）

夫妻宮和另一半相似地方很多，能夫唱婦隨。但兩人自尊心強，主觀意識強，異性緣佳，要多包容，避免意見衝突。女性喜歡有原則、忠厚、主見、領導力、穩健、有毅力、循規蹈矩。男性喜歡聰明、善良、細心、有主見、生活有品味、體貼善解人意。

最佳婚姻對象：武、府、相、梁坐命。

最凶婚姻對象：紫、貪、破坐命。

可承擔重大責任能力、主觀意識強，多才多藝、自尊心強、求好心切、做事認真、有領導力、擅長交際，對美學有獨到鑑賞力。

財帛：求財比較辛苦，容易起伏，財來財去，但賺錢財能力好，努力必有收穫。事業：在事業中有克服挫折承

擔的能力，有主導權，親力親為。但要注意人際關係（交友和遷移無主星）的經營。事業特質，變動、風險、挑戰、主導。福德：喜求新求變，生活的刺激與挑戰會覺得充實與成長，身心獲得平衡，辛苦過後，晚年有好福報。

五、命遷：紫、相命（辰），破遷（戌）。紫、相命（戌），破遷（辰）。

夫妻宮：貪狼（寅、申）

夫妻宮：感情有變化特質，不宜早婚，夫妻年齡宜差距大。另一半慾望多、不服輸，異性緣好。女性喜歡有才華、創造力豐富、能言善道、喜交朋友、刺激冒險的男生。男性喜歡生活有品味、浪漫、有魅力、多才多藝，擅長公關女生。

最佳婚姻對象：陽、同、府、坐命。

次佳婚姻對象：機、梁、武、陰、巨坐命。

最凶婚姻對象：廉、破、狼坐命。

可承擔重大責任能力、主觀意識強，好勝心，領導力、有惻隱之心，自尊心強、求好心切，思慮周延、擅長溝通與協調，生活有品味。有優越感，喜文學與藝術。財帛：守財、開源能力好，但田宅（無主星）能力較弱，投資具高風險，需穩健研究才能降低風險。事業：在事業中有規劃專注、掌握、承擔的能力，重視自己表現也重視經營主導權，自我要求高，律己甚嚴。福德：喜完美，思慮多，壓力大，心思正直，能力強，容易忽略人際關係與人疏遠，放寬心胸注意人和。

六、命遷：紫、殺命（巳），府遷（亥）。 紫、殺命（亥），府遷（巳）。

夫妻宮：天相（卯、酉）

夫妻宮：感情有穩定特質，晚婚，不易找到心儀對象，另一半衝勁不足、不喜歡被掌控。女性喜歡誠懇、樂觀、謹言慎行、有責任感、親和力。男性喜歡多才多藝、有品

味、親切、多才多藝的女生。

次佳婚姻對象：陽、府、武、同、廉、相坐命。

最凶婚姻對象：貪、破坐命。

有承擔事情能力、執行力強，不輕易向困境低頭，聰明獨立，喜惡分明、有威嚴、多才多藝，善謀略、好勝心、企圖心，自尊心強、積極有衝勁。財帛：有賺錢的爆發力、能吃苦耐勞，若能發揮才華，必能開發財運。投資和房地產能量較弱，從自己本業求財。事業：觀察力敏銳，判斷力，有堅毅的執行力。具有工作環境的因應力，創造自我成就與價值，多注意人際關係好會更好。福德：自我要求高，易緊張和激動，福報較弱，容易受外在環境影響心情，放開心胸，透過後天學習傾聽他人看法，以正面思考對待好與不好的批評，多給予少計較。

B. 天機（命宮）

一、命遷：機命（亥），陰遷（巳）。 機命（巳），

陰遷（亥）

夫妻宮：太陽、天梁（卯酉）

夫妻宮，感情特質影響，早婚不利，另一半專注於事業，較無法照顧他人，若無化忌同宮，婚姻感情能逢凶化吉。女性喜歡有活力、樂觀、坦白、博愛、正義感、有服務精神的男生。但缺點是對方主導慾強、固執。男性喜歡有理想、樂觀、熱情、舉止大方、正直無私的女性。但對方缺點是個性急，人際關係差。

最佳婚姻對象：紫、梁坐命。

最凶婚姻對象：巨、機、破、狼坐命。

學習能力佳、機智、有創意、好動好學、點子多，能接受他人意見及新鮮事物。財帛：投資和存錢的能力弱，但財運不錯，有偏財運。事業：在事業發展上會比較辛苦，要腳踏實地，穩健踏實去工作，才能有所成就。工作特質能照顧人，公平、合理、正義。福德：容易給自己壓力，

緊張，也易受外在環境影響，自我控制力較差，多想做少無法專注一件事情上，需努力才會變好。

二、命遷：機命（子），巨遷（午）。機命（午），巨遷（子）

夫妻宮：太陽（辰、戌）

夫妻宮：對方會花心思專注在事業，較無法顧慮其他，固執、主觀意識強、急性子，有個性，關心、理性、體貼，婚姻感情才能和睦。女性喜歡光明磊落、正直、剛毅、正義感、有抱負的男性。男性喜歡有愛心、開朗、內外兼具、服務熱忱、能幹、有理想的女生。

最佳婚姻對象：紫微坐命。

次佳婚姻對象：武、同、府、陰坐命。

最凶婚姻對象：機、巨、破、狼坐命。

思慮敏捷、有創意、求新求變、點子多及新鮮事物，善於分析，有不服輸特質。財帛：對求財積極度不高，收

入穩定、賺錢方式須光明正大才能持久，有偏財運。事業：專業思考，或服務他人工作都合適。福德：好動，自我控制力差，想多做少，情緒緊張容易給自己壓力，易受外在環境影響，自我控制力較差，若能專研一事，必有成就，但福報稍弱，會無法感受什麼是幸福。

三、命遷：機命（丑），梁遷（未）。機命（未），梁貪遷（丑）。

夫妻宮：太陽（巳、亥）

夫妻宮，婚姻多困擾，但可偕老。另一半會專注於事業，有服務熱忱，較無法顧慮其他，共同一起做相同的服務活動，婚姻感情就能 OK. 女性喜歡光明磊落、正直、果決、善良不虛偽、正義感、有才華、有服務熱忱的男生。男性喜歡有愛心、開朗、內外兼具、光明磊落、服務熱忱、能幹、有理想的女性。

最佳婚姻對象：梁、紫坐命。

次佳婚姻對象：武、府、同、陰坐命。

最凶婚姻對象：巨、機、破、狼坐命。

每個宮位皆有主星，能量平均。有自己的想法和看法，思慮敏捷、有創意、求新求變，善於分析，想法和看法角度廣，也有不服輸特質。財帛：求財、投資穩定，有偏財運，工作態度要積極，財運會更好。事業：特性是挑戰競爭，需要以口與人溝通，要注意口舌，正面思考。福德：樂於助人與分享，與人為善，身心雖穩定，偶會多愁善感，有宗教信仰，心情開朗，培養耐心，專研一事必有成就。

四、命遷：機、陰命（寅），無遷（申）。機、陰命（申），無遷（寅）。

夫妻宮：太陽（子、午）

夫妻宮：會想太多、猶豫不決和以貌取人。

彼此相處多包容，多關心、理性、體貼，共同一起做

相同的活動，婚姻感情就能掌握。女性喜歡樂觀、陽剛、正直聰明、熱情有活力、善良不虛偽、正義感、有才華、有服務熱忱、光明磊落的男生。男性喜歡有愛心、開朗、內外兼具、熱心服務、舉止大方、有進取心的女生。

最佳婚姻對象：紫、府、梁、相、同坐命。

最凶婚姻對象：貪、破、巨坐命。

喜文藝，思慮敏捷、有創意、善於分析、光明博愛、求知慾強，感情豐富有服務熱忱。財帛：財源廣，穩定，耕耘就能有收穫，不可坐享其成，福份就會受限。事業：福報大，能無悔付出，適合在公平有制度環境工作，在職場能受人歡迎。福德：小心言語失當而惹來是非，喜歡服務他人，但要懂得釋放壓力，想法多，會猶豫不決，有悲觀傾向或逃避，要有行動力，則生命福報會很好。

五、命遷：機、巨命（卯），無遷（酉）。機、巨命（酉），無遷（卯）。

夫妻宮：太陽、太陰（丑、未）

夫妻宮：個性陰晴偶爾不定。容易為另一半付出。婚前多一些理性考慮，相處多包容、關心、理性、體貼，婚姻感情就能掌握。女性喜歡溫和聰明陽光、無私有耐心、處事圓融、責任感、有氣度的男生。男性喜歡有愛心、浪漫體貼、服務熱忱、勇氣正直、有藝術氣質的女生。

最佳婚姻對象：梁、府、紫、相坐命。

最凶婚姻對象：機、巨、破、狼坐命。

承擔事情的能力與氣勢較弱，好動反應快、冷靜幽默、想像力豐富創意多、自由自在、喜接觸新鮮事物，善於分析溝通與協調。財帛：求財源福份廣，穩定，但須循序漸進，努力就能有收穫，工作和求財以長遠為考量。

事業：適合幫助服務他人，在事業上要比別人更加勤奮及承擔責任心，才能有所收穫。福德：心性平穩清高，福氣多，但人際關係較弱，與人相處要多些圓融。

六、命遷：機、梁命（辰），無遷（戌）。機、梁命（戌），無遷（辰）。

夫妻宮：太陽、巨門（寅、申）

夫妻宮：對方主導性高、佔有慾強、性急、固執。多一些關愛與付出，婚姻感情才能長久。女性喜歡正直口才佳、進取心、有服務熱忱、善於規劃的男生。男性喜歡樂觀、有主見、能察言觀色、有流行氣質的女生。

最佳婚姻對象：天同坐命。

次佳婚姻對象：紫、府、武、相坐命。

最凶婚姻對象：破、巨、狼坐命。

善惡分明、喜歡學習、守法、幽默、想像豐富，喜接觸新鮮有趣事物，善於分析溝通與協調，有服務熱忱。財帛：求財源穩定，努力就能有收穫，過程較無波折，有偏財運。投資和買房產較弱。需懂得儲蓄。事業：職場挑戰較多，良性競爭可減少是非，多幫助他人，結善緣，事業具有競爭、挑戰、付出，善良的特質。福德：心性會因

環境影響而緊張，天生福報較弱，與人相處要多些圓融柔軟。想做的事要多堅持，做好完善規劃，精神物質就能有所回報。

C. 太陽（命宮）

一、命遷：陽、梁命（卯），無遷（酉）。陽、梁命（酉），無遷（卯）。

夫妻宮：天同、巨門（丑、未）

夫妻宮：感情波動較多，選擇對象要仔細觀察，交往皆要慎重，就能減少一些情感問題。另一半缺少恆心，多學少精，沒執行力、缺乏恆心。女性喜歡的男生溫和謙虛、聰明、能言善道、人際關係佳、喜歡有自己看法。男性喜歡的女生樂觀、自由溫柔、擅長公關。

最佳婚姻對象：皆可。

承擔責任能力較差，做事不夠積極，遇到困難會退

縮，但外表溫和，在人際關係上還不錯，有服務熱忱、正
直 清高、光明博愛特質。財帛：求財源收入穩定，投資
易有變化，不可近利短視。事業：格局較小，更要加倍努
力，有勞心勞力特質。在工作中若能心平靜氣，注意協調
溝通技巧。福德：說多少做思慮多，內心容易不安和矛盾，
少說多做才能增加晚年福報。做事要積極，遇到困難不可
退縮，加點企圖心與積極性才好。

二、命遷：陽命（辰），陰遷（戌）。陽命（戌），陰遷（辰）。

夫妻宮：天同、天梁（寅、申）

夫妻宮：感情穩定，早生戀愛、晚年夫妻恩愛。但另
一半缺少恆心，多學少精，沒執行力。感情要多經營，才
不會變動。女性喜歡的男生親切樂觀、公平正直、熱心助
人、口才佳。男性喜歡的女生溫柔謙虛，有愛心、善良、
熱心服務助人、有理想。

最佳婚姻對象：天同坐命。

最凶婚姻對象：紫、府、武、相、梁坐命。

次凶婚姻對象：陽、巨坐命。

先天承擔責任能力較差，須更加倍努力和堅持，靠後天努力才能創造幸福。個性有服務熱忱、正直清高、光明博愛、正義的特質，年少較叛逆。財帛：求財、投資都會競爭，經過勞心勞力才有收穫，要用正當方式競爭，才會減少財源的不穩定，加強理財能力，才能聚財。事業：適合在公平、安定、合理、有制度的環境，找出有興趣的事，才能在工作中發揮所長。因對事業掌握程度較弱，較缺企圖心，需更加倍努力，不可心存僥倖。福德：思慮較多，內心易承受壓力，物質享受需經過勞心勞力，適時放輕鬆。

三 命遷：陽命（巳），巨遷（亥）。陽命（亥），巨遷（巳）。

夫妻宮：天同（卯、酉）

夫妻宮：勇於追求有顛覆傳統，挑戰事實，感情有享福的特質。重視婚姻生活和物質享受。

感情穩定，但另一半缺少恆心，耐力不足，沒執行力。

女性喜歡的男生，幽默聰明、人緣好、有赤子心、感情豐富、注重物質和精神享受、喜好悠閒生活。男性喜歡的女生，親切樂觀、溫和、善良、熱心服務助人、有文學氣質、注重生活品味。

最佳婚姻對象：天同坐命。

次佳婚姻對象：紫、府、武、相、梁、陰坐命。

最凶婚姻對象：陽、巨坐命。

年少較叛逆，個性有服務熱忱、正直、光明博愛、正義特質，熱情、主觀意識強、喜交友。財帛：求財必須合理有良心、不可存貪念，如果投機取巧，財富將難以發揮。事業：事業適合服務他人，若能忠於職守，願意付出協助

他人，將有助自己的發展。福德：思慮多，強烈企圖心，需要經過努力，才能增加物質享受。

四、命遷：陽命（子）， 梁遷（午）。陽命（午），梁遷（子）

夫妻宮：天同（辰、戌）

夫妻宮：感情有穩定、享福的特質。另一半缺少恆心、懶散拖延，沒執行力。婚前多考量，婚後多鼓勵與包容。女性喜歡的男生，幽默聰明謙虛、人緣好、口才佳、有赤子心、感情豐富、喜好悠閒生活。男性喜歡的女生，親切樂觀、溫和、善良、熱心服務、樂於助人、注重生活品味。

最佳婚姻對象：天同坐命。

次佳婚姻對象：紫、府、陰、武、相、梁坐命。

最凶婚姻對象：陽、巨坐命。

喜歡交朋友，富正義感，因而惹無謂麻煩。個性有服務熱忱、會與人分享、宏觀角度看事、正直、光明博愛、

正義特質，主觀意識強、喜運動。會燃燒自己照亮別人，會付出心力照顧身邊的人。財帛：先天對財務掌握力較弱，以穩健賺錢與儲蓄較合適，高風險、變動投資不要輕易嘗試，錢財才會累積。事業：在追尋目標接受挑戰時，加上壓力大，要注意工作中的溝通協調，避免口舌而惹上是非，要多說好話。福德：思慮多，強烈企圖心，面對競爭與挑戰，身心易承受壓力，也因外務影響而自尋煩惱，容易勞心勞力，經過自己打拼努力，會有很好的物質享受，晚年福報很不錯。會燃燒自己照亮別人，會付出心力照顧身邊的人，但易衝動、主觀意識強，要懂得控制自己的情緒。

五、命遷：陽、陰命（丑），無遷（未）。陽、陰命（未），無遷（丑）。

夫妻宮：天同（巳、亥）

夫妻宮：感情有穩定、享福的特質。另一半異性緣好，

想多做少、忽略現實面，沒執行力。婚前多考量，婚後圓融與包容，培養相同嗜好。女性喜歡的男生，溫和謙虛、好相處、感情豐富浪漫、注重物質和精神享受、喜好悠閒生活。男性喜歡的女生，親切樂觀、溫和、善良、熱心服務助人、注重生活品味、喜好藝術和文學。

最佳婚姻對象：天同坐命。

次佳婚姻對象：紫、府、相、梁坐命。

最凶婚姻對象：貪、巨坐命。

喜歡交友，正義感、光明、溫和、能專注感情、有自己原則處事圓融，喜歡表現、有服務熱忱、喜歡藝術與文學。財帛：先天對財務掌握力較弱，聚財辛苦，須競爭與勞心勞力才有收穫。以穩健方式賺錢與節儉，高風險、變動投資不要輕易嘗試，錢財才會累積。不可用不當方式，認真打拼才有收穫。事業：適合在公平、安定、合理、有制度的環境發展，有智慧與才華，懂得用優勢創造優勢，得到上司的提拔與賞識。事業福報多，要廣結善緣，發揮空間就越大。福德：有企圖心、有理想，身心容易承受壓

力，受業務影響而自尋煩惱，要注意禍從口出產生是非，人際關係要多努力。

六、命遷：陽、巨命（寅），無遷（申）。陽、巨命（申），無遷（寅）。

夫妻宮：天同、太陰（子、午）

夫妻宮：感情有穩定特性，偶有起伏仍會化解。另一半拖延逃避，沒執行力。婚前多考量，婚後圓融與包容，培養相同嗜好、目標。女性喜歡的男生，溫和善良、誠實、有度量、穩健、喜好藝術和文學、喜好悠閒生活。男性喜歡的女生，浪漫樂觀、溫和、善良體貼、有真誠心、注重物質精神享受。

最佳婚姻對象：梁、相坐命。

次佳婚姻對象：紫、府、陰坐命。

最凶婚姻對象：陽、巨、破坐命。

學習承擔責任，人生才會寬廣。喜歡公平，富正義感、

正直、溫和、博愛、想像力豐富、喜歡表現、有服務熱忱、表現自己，有自己的看法，喜歡自在生活。口才佳，個性直來直往、腳踏實地、學以致用，三思而行，方能更好。財帛：以穩健方式賺錢與養成節儉習慣，高風險及變動投資，不要輕易嘗試。事業：要付出勞心勞力，在工作上最好選自己有興趣的工作，努力才有收穫。福德：有企圖心、理想，身心易承受壓力而煩惱，個性言談直白，易禍從口出，產生是非，人際關係多努力。

D. 武曲（命宮）

一、命遷：武、相命（寅），破遷（申）。武、相命（申），破遷（寅）。

夫妻宮：貪狼（子、午）

夫妻宮：感情起伏大，波折多，因錢財感情起變化。不可太早婚。

另一半好強，不喜受約束，好勝心強，婚前多考量，

婚後圓融與包容，最好能培養相同嗜好興趣。女性喜歡的男生，浪漫、重儀容、能言善道、穩健、有生活品味。男性喜歡的女生，多才多藝、溫柔、反應快、有女性魅力、注重儀容。

最佳婚姻對象：府、同、梁坐命。

最佳婚姻對象：紫、機、陽、巨、陰、狼坐命。

最凶婚姻對象：廉貞坐命。

有舞台就能散發光與熱。天相代表善良、重紀律、有責任，嚴以律己，寬以待人。而武曲代表開創性、剛毅理性、主觀意識強，事業心重。所以會把得失看很重，要學習敞開心胸面對逆境。財帛：求財投資變動大，對錢財能管理。有偏財運。事業：在工作上有主導權，只要堅持自己理想就能成功。福德：凡事想做到完美，勞心勞力，思慮多，精神上易承受壓力，要懂得調適，在競爭的環境中，培養突破傳統思維的能力。

二、命遷：武、殺命（卯），府遷（酉）。武、殺命（酉），府遷（卯）。

夫妻宮：天相（丑、未）

夫妻宮：感情穩定。另一半做事衝勁不足，優柔寡斷，婚前多考量，婚後多包容，感情才能長久。女性喜歡的男生，溫和樂觀、有才華親切感、穩健人際關係好。男性喜歡的女生，謹言慎行、誠懇親和力、多才多藝、溫柔熱情，舉止沉穩、能溝通。

最佳婚姻對象：較難坐命。

次佳婚姻對象：陽、同、廉、府、相、梁坐命。

最凶婚姻對象：殺、破、巨坐命。

能力強，有自信與毅力、有擔當、有責任，開創性、主觀意識強，好勝心重，領導慾強，但也容易有孤獨感。財帛：求財在競爭中取得，財運變化多，能力與專注力決定你財源。事業：在工作上有主導性的能量，但不穩定因素也高。要堅持自己理想就能成功，也要懂得守成。福德：

好勝心，遇到外在環境影響，容易承受壓力、想不開。物質享受心重，提升心靈、調適心情，遇事學習接受他人看法，適時放鬆自己。

三、命遷：武命（辰），貪遷（戌）。武命（戌），貪遷（辰）。

夫妻宮：七殺（寅、申）

夫妻宮：感情有孤獨感，不宜早婚。另一半和自己都是愛惡分明，要能忍讓與包容，不然爭執會多。女性喜歡的男生，愛惡分明、有主見與毅力、有擔當、有責任感及進取心。男性喜歡的女生，獨立、有開創力，喜歡冒險、大方、有自信。

最佳婚姻對象：府、相、梁、貪坐命。

最凶婚姻對象：武坐命。

次凶婚姻對象：破坐命。

有擔當大責任潛能，能吃苦、有主見與毅力、有擔當、

有責任感，開創性、果決積極、事業心重。財帛：財運穩定，對錢財理性和謹慎，重視錢財的花用。投資變動大，懂得管控風險。事業：在工作上的能量很強，能得到賞識而委以重任。福德：易勞心勞力，對自己要求較高，加上事業心重，得失心也重，容易造成壓力，適時放鬆自己。

四、命遷：武、破命（巳），相遷（亥）。武、破命（亥），相遷（巳）。

夫妻宮：無主星（卯、酉）

夫妻宮：個性強勢，不宜早婚。另一半和自己都是不容易忍讓，慾望多，不受約束，感情易有波折。但都喜歡交際應酬與公關，擇偶不可過於注重外貌。女性喜歡的男生，豪爽、聰明、有觀察力、生活有品味、重視情調。男性喜歡的女生，口才好、浪漫、注意外表、有創造力、擅長公關、生活有品味。

最佳婚姻對象：較難坐命。

次佳婚姻對象：府、相、陽坐命。

最凶婚姻對象：武坐命。

次凶婚姻對象：紫、巨、廉坐命。

能擔當大責任。喜歡受肯定、獨立、有主見與毅力、有擔當、有責任感，主觀意識強、有旺盛體力與精力、對事業有企圖心。財帛：求財具有穩定能攻能守強大的能量，投資、不動產、土地能量也強。事業：在大事業上的能量很強，能擔當大責任，對事業有強大企圖心，若能專注，可成為公司核心人物。福德：能在複雜混亂中理出頭緒，心境穩定且平衡，本身福報很好，格局很強，但要找到適合自己的舞台。

五、命遷：武、府命（子）， 殺遷（午）。 武、府命（午），殺遷（子）。

夫妻宮：破軍（辰、戌）

夫妻宮：不宜早婚，婚前異性朋友多，戀愛多曲折波

動。另一半容易衝動易起衝突，兩人事業心皆重。女性喜歡的男生，有擔當、有創意、有主見、有陽剛氣息、勇敢、獨立、能吃苦。男性喜歡的女生，浪漫、聰明、有主見、有特色。

最佳婚姻對象：相、梁坐命。

最凶婚姻對象：紫、機、陽、同，廉、殺、狼坐命。

有承當大責任潛能與企圖心、有責任感。有自信、重義氣、有執行力、心胸寬大、喜歡受肯定、慈悲穩重、聰明理性有主見與有毅力。財帛，求財過程謹慎與平穩，對財富具有保護和規範的能量，把錢的效用發揮到極致。投資土地、房地產變化大，需多注意。事業，在大事業上的能量很強，能擔當大責任，對事業有強大企圖心，若能專注，就能成為公司核心人物。福德，對自己要求高，人生是活到好學到老。

六、命遷：武、貪命（丑），無遷（未）。武、

貪命（未），無遷（丑）。

夫妻宮：府（巳、亥）

夫妻宮：另一半家世背景、學歷與你相當，個性沉穩負責、對家庭有責任感。雙方主導性強，要多包容才能幸福。女性喜歡的男生，有責任感、聰明、有領導力、有抱負、穩重踏實、對人厚道。男性喜歡的女生，有自信理想、踏實、慈悲心、不與人爭。

最佳婚姻對象：陽、府、相、梁坐命。

最凶婚姻對象：破坐命。

次凶婚姻對象：紫、廉、巨、陰坐命。

有承當大責任潛能與企圖心、有執行力、多才多藝、好勝心、剛毅果決義氣、瞭解人性、有開創力、喜歡競爭與表現。財帛：有賺錢能力，但容易財來財去，謹慎理財，才能把錢發揮到極致。事業：能獨當一面具有主導事情的

能耐，也能得到認同。福德：內心平靜與穩定，先天福報不錯。要求完美，精神易緊張，得失心也重，遭遇挫折要學習面對與釋懷。

E. 天同（命宮）

一、命遷：同、巨命（丑），無遷（未）。同、巨命（未），無遷（丑）。

夫妻宮：陰（巳、亥）

夫妻宮：另一半會照顧家裡，重視家庭，但優柔寡斷，缺乏衝勁。雙方適合穩定性質的工作。女性喜歡的男生，體貼、聰明內向、沉著有同情心、有家庭觀念。男性喜歡的女生，安靜溫柔內向、持家有方、賢淑體貼。

最佳婚姻對象：紫、府、武、相坐命。

最凶婚姻對象：巨、同、梁坐命。

次凶婚姻對象：廉、殺、破坐命。

自我要求不高，個性樂觀溫和、處事圓融、喜歡自在的環境。也具有正義感、溝通能力。財帛：賺錢能力掌握度較弱，無偏財運，要加倍的努力才有所收穫。穩定方式處理錢財。要努力付出才能求到錢財。事業：有變動性和勞心勞力，容易換工作變動，人際關係較弱，事業有善的力量，多幫助別人，事業才有收穫。福德：重視精神生活，喜寧靜，晚年有福可享。雖受外在環境影響，但內心也能平靜與穩定。容易禍從口出，多說好話，謹言慎行。興趣廣泛，對事業卻缺乏企圖心，最好能專精一門專才。

二、命遷：同、梁命（寅），無遷（申）。同、梁命（申），無遷（寅）。

夫妻宮：巨（子、午）

夫妻宮：另一半交際力強，異性緣強，注意外人介入婚姻。疑心病強、不受約束、容易口角。女性喜歡的男生，幽默風趣、外交好、善於思考、推理能力。男性喜歡的女

生，口才佳、創造力、樂觀、擅長公關。

最佳婚姻對象：紫、機、陽、相坐命。

最凶婚姻對象：破、狼、梁坐命。

個性樂觀溫和、處事圓融、聰明清高、心地善良、好奇心、有協調能力、重精神與物質享受。敏感度高，適合培養文藝專長，遇難也能呈祥。財帛：投資求財有穩定的潛在能力，努力付出會有錢財收入。田宅稍弱，要學著懂得積蓄。事業：工作具有變動性，不容易在同一工作久待，重複性的工作較不適合。要注意人和，對事業才有幫助。福德：身心穩定，喜玩樂帶來煩憂，加強行動力，建立好的人際關係互動。

三　命遷：同命（卯），陰遷（酉）。同命（酉），陰遷（卯）。

夫妻宮：梁（丑、未）

夫妻宮：自己感情執著，浪漫，但另一半成熟內斂，

婚姻裡有風波，不宜早婚，交往時間要拉長。女性喜歡的男生，穩重老實、有正義感、正直、適應力強。男性喜歡的女生，善良耿直、有分析力、理想清高、適應力強。

最佳婚姻對象：紫、陽坐命。

次佳婚姻對象：府、相、機、武坐命。

次凶婚姻對象：同、巨、狼坐命。

有承擔事情的能力，個性樂觀溫和、處事圓融、聰明清高、心地善良、好奇心、有協調能力、注重精神與物質享受，會用宏觀角度對待人、事、物。財帛：求財須與人競爭，勞心勞力，會有錢財。養成儲蓄習慣，錢財露白會產生是非。事業：工作具有變動、挑戰、辛苦性，適合有變化的工作，重複性的工作較不適合。在職場多幫人會給自己帶來能量。福德：身心穩定，自在，缺乏危機意識，容易多學少精，有構想計畫卻缺乏行動力，注意改正。

四、命遷：同命（辰），巨遷（戌）。同命（戌），

巨遷（辰）。

夫妻宮：無（寅、申）

夫妻宮：穩定中有變化，不宜早婚，交往時間要拉長。另一半疑心重、優柔寡斷、保守、神經質、做事衝勁不足。女性喜歡的男生，聰明好學、溫和有愛心、善解人意、風度翩翩。男性喜歡的女生，溫柔有氣質、善於思考、機智好學、有分析力、感情豐富。

最佳婚姻對象：紫、陽坐命。

次佳婚姻對象：府、相、機、武坐命。

較兇婚姻對象：同、巨、狼坐命。

有承擔事情的能力，努力會有成就，個性樂觀溫和、處事圓融、耐心、心地善良、有同情心、興趣廣泛、喜交友和受人肯定，會用宏觀角度對待人、事、物。財帛：適合以穩定儲蓄聚財，取財必須合法。事業：工作具有變動、挑戰、辛苦性，適合有變化的工作，重複性的工作較不適

合。注意換工作問題。工作也具有服務與付出特質，多幫助人會有更多回報。福德：身心穩定，自在，與人為善，樂觀，但缺危機意識和執行力，要多一些警覺性。

五、命遷：同命（巳），梁遷（亥）。同命（亥），梁遷（巳）。

夫妻宮：無（卯、酉）

夫妻宮：有變化浮動特質，容易一見鍾情，不宜早婚，交往時間要拉長多瞭解，謹慎處理婚姻。另一半疑心、優柔寡斷、保守、神經質、做事衝勁不足、缺乏安全感。女性喜歡的男生，機智幽默、擅長外交公關、精明能幹、口才佳。男性喜歡的女生，博學、好動、好奇心、喜歡有藝術氣質。

最佳婚姻對象：紫、陽坐命。

次佳婚姻對象：府、相、機、府坐命。

次凶婚姻對象：同、巨、狼坐命。

有福氣，個性樂觀溫和、好奇心、心地善良、興趣廣泛喜交友，會用宏觀角度對待人、事、物。財帛：天生求財能量較弱，量入為出，穩定理財。事業：工作具有變動性，重複性的工作較不適合發揮。工作需要常與人溝通與協調，要用正面態度對待。也具有善特質，多幫助人會有更多回報。福德：與人為善，喜歡幫忙人，身心難免受影響，有不錯的福報。天性安逸喜歡享受，必須要為自己建立目標和執行力才好。

六、命遷：同、陰命（子），無遷（午）。同、陰命（午），無遷（子）。

夫妻宮：無（辰、戌）

夫妻宮：對感情掌握度較弱，有變化浮動特質，但也有遇難呈祥。一見鍾情不適合，不宜早婚，交往時間要拉長，對感情要多一份堅持。另一半有善變、優柔寡斷、保守、神經質、缺乏安全感、積極度不夠。女性喜歡的男生，

聰明、清高、有正義感、有創意、有幽默感、同情心。男
性喜歡的女生，大方、心思細膩、有正義感、有女人味、
有才華、溫柔體貼。

最佳婚姻對象：紫、府、陽、相坐命。

次佳婚姻對象：機、梁坐命。

最凶婚姻對象：貪坐命。

次凶婚姻對象：廉、同坐命。

　　樂觀、希望、光明、勇氣、有愛心、耐心，感情豐富、
樂於分享、服務熱忱、喜歡精神與物質享受。個性溫和，
適合在穩定中成長，工作兼享樂是你最希望的。財帛：天
生求財能量較弱，過程會感到勞心勞累，但努力過後會有
收穫。高風險變動的理財不要嘗試。穩健方式理財才好。
事業：工作具有變動、公平、辛勞性，但變動中依然會有
收穫。會注意事業發展，如果堅守自己崗位盡責，在工作
中自然會有所表現。多幫助與照顧人，相對也會有更多回
報。容易有三分鐘熱度、喜愛玩樂，在事業上會不夠積極

而失先機。福德：要再努力過，才會有所收穫，多思考如何設定目標。求財、感情及人際關係掌握度較弱，要立訂自己目標，結交益友、遠離損友，培養積極主動習慣。

F. 廉貞（命宮）

一、命遷：廉、相命（子），破遷（午）。廉、相命（午），破遷（子）。

夫妻宮：貪狼（辰、戌）

夫妻宮：感情有變化特質，會較辛苦，一見鍾情不適合，不宜早婚，婚前多慎重考慮。女性喜歡的男生，聰明、口才佳、有創意、創造力豐富、善於表現。男性喜歡的女生，活潑、觀察力細膩、能言善道、對美學有鑑賞力、有品味。

最佳婚姻對象：府、梁坐命。

次佳婚姻對象：紫、殺、陽、武、同坐命。

最凶婚姻對象：廉、相、破坐命。

自信心強、個性鮮明有優越感、有擔當負責任。個性穩重守規矩、注重隱私、思考周延、隨和重視人際關係、應變能力強。財帛：有賺錢能力、財源穩定廣泛，要注意投資變動大，宜開源與節流。事業：具有可攻可守，但較辛勞，遇到困難不會放棄，選擇的工作須勞心勞力才有收穫。福德，會想把事情做得圓滿順利，身心承受壓力，精神不易穩定。海闊天空 let it be，晚年才有好的福報，腦筋反應好，具有成功的特質，多培養專注力，把想法付諸行動。

二、命遷：廉、貪命（巳），無遷（亥）。 廉、貪命（亥），無遷（巳）。

夫妻宮：天府（卯、酉）

夫妻宮：早生戀愛，戀愛多曲折變化，配偶家世好。興趣廣泛，顧家，事業有成，與朋友相處好，有名聲，夫妻年齡相近，感情穩定細膩。女性喜歡的男生，聰明、務

實有主見、有愛心、有抱負、有毅力、有領導力、穩重大方、處事圓融。男性喜歡的女生，有愛心、守規矩、處事圓融、知足常樂、有自我主張。

最佳婚姻對象：府坐命。

次佳婚姻對象：武、梁坐命。

最凶婚姻對象：廉、貪坐命。

有主見與自信、能擔當負責任。擅長交際、好面子、多才多藝、愛恨分明、創造力豐富、適應力強、喜歡挑戰和刺激、對新奇東西有興趣。財帛：財源具有穩定和變動。要注意投資變動，有得有失不可過度樂觀，加強對理財的能力與處理事情能力，宜注意開源與節流。事業：具有可攻可守，事業遇到的風險與變化較高，過程中讓你感到辛苦和孤軍奮鬥。在職場多交好友多一份堅持，成功指日可待。福德：過於穩定沒有變化的環境，會讓你感到無趣疲累，喜歡挑戰性、開創性和刺激性的事，會讓你感到有發揮空間。重視精神的快樂與安定，若努力，晚年

有好的回報。會想把事情做得完美特質，周遭人會承受壓力，好勝心強也給自己帶來麻煩。異性緣佳，感情要小心為要。

三　命遷：廉、殺命（丑），府遷（未）。廉、殺命（未），府遷（丑）。

夫妻宮：天相（巳、亥）

夫妻宮：配偶謹慎敦厚，忠於職守，可獲信賴，好奇心重，多能持家相互配合，婚姻美滿，最好晚婚，或夫妻聚少離多。對象可能是同事、鄰居、同事或相識多年朋友。女性喜歡的男生，聰明、務實有主見、有愛心、有抱負、有毅力、有領導力、穩重大方、處事圓融。男性喜歡的女生，有愛心、守規矩、內斂保守、處事圓融、知足常樂、有自我主張

廉、殺之人，自負，隨心所欲，較難婚配。

次佳婚姻對象：武、梁、府坐命。

最凶婚姻對象：破、貪、巨坐命。

先天有承擔事務的能力，有主見與自信、能擔當負責任。擅長交際、好面子、多才多藝、愛恨分明、學習力強、創造力豐富、適應力強、喜歡挑戰和刺激、藝術美感佳、對新奇東西有興趣。財帛：對錢財有收放自如的能力，懂得花也懂得賺，重視錢財物質的價值。喜歡賺大的求財方式，但也有小氣守財的本事，不愁衣食，有正財與偏財運。貪狼會火星與鈴星，中年前有成有敗，但中年後財運變好或橫發。事業：具有分析及策劃能力，獨立自主，事業波折多變化。會吉星適合開創性企業，照會到不吉星，適合破壞性（營造）工作或軍警。福德：精神心態不穩定，大多身忙、心也忙，就是身閒、心依然忙，但晚年就能心身平穩而安享快樂。

四、命遷：廉、府命（辰），殺遷（戌）。廉、府命（戌），殺遷（辰）。

夫妻宮：破軍（寅、申）

夫妻宮：早生戀愛，婚前異性朋友多。感情有變化特質，在經營家庭的能量亦不足。感情較被動，兩人會有自己的想法使關係淡化生變。女性喜歡的男生，有活力、有個性、陽光、身材好、有男人肩膀、主動積極。男性喜歡的女生，身材好、有個性、積極主導、愛恨分明、獨立剛強。

最佳婚姻對象：天梁坐命。

次佳婚姻對象：紫、陽、武、天、殺坐命。

最凶婚姻對象：破坐命。

PS: 廉、府命較易合婚

有承擔事務的能力，不服輸的性格。慈悲、心思細膩、擅長交際應變、領導、但也會有缺乏衝勁與開創力、急躁和情緒不穩的現象。財帛：財源具有穩定廣泛不缺錢，金錢容易周轉，但注意易變動。要以穩健理財。取財有道，擁有令人稱羨的不動產，事業：事業具有平衡、穩定、握

有主導權，有很強的執行力，不輕言放棄目標與理想。福德：對自我要求高，喜歡讓人看到好的一面，也在乎自己表現，具有成功的特質，喜歡受人肯定。

五、命遷：廉命（寅），貪遷（申）。廉命（申），貪遷（寅）。

夫妻宮：七殺（子、午）

夫妻宮：感情有變化特質，婚姻多挫折，聚少離多可以減輕挫折。感情多一份堅持，建立兩人共同目標與興趣。另一半有主見、好強、忍耐包容多一些也可維繫。女性喜歡的男生，有正義感、不拘小節、不怕困難與挑戰、有自信、有事業企圖心、統御能力。男性喜歡的女生，大方、處事盡責、有主見、獨立剛強。

最佳婚姻對象：府、梁、殺坐命。

最凶婚姻對象：廉坐命。

次凶婚姻對象：破、巨、陰、狼、相坐命。

內心非常有自信、卻不外露，若能找到合適領域，必能發光發熱。個性心思細膩，有主見、有自信、責任感、適應能力好、擅長公關與交際、注重隱私、喜歡受人讚美。財帛：財源具有穩定尊貴特質，擁有賺錢能力，順著目標去努力不輕言放棄，一生將有不錯財祿，懂得理財，會讓人生錢財豐足。事業：具有大格局能量，勞心勞力後必有收穫。要注意與上司和同事間的關係助力。拿出執行力、不輕言放棄目標與理想，必能成功。福德：能力、才華都不錯，企圖心也強，一生在忙碌中度過。凡事要求完美，要注意 EQ，壓力來要懂得如何調適，身心平衡人生才能燦爛。

六、命遷：廉、破命（卯），相遷（酉）。廉、破命（酉），相遷（卯）。

夫妻宮：無（丑、未）

夫妻宮：感情有變化特質，不宜早婚或一見鍾情、閃

電結婚，拉長交往時間較好。自己在家庭、親子關係較弱，多注意。女性喜歡的男生，有正義感、口才好、有執行力、吃苦耐勞、有創造力、事業心重。男性喜歡的女生，大方，懂人際關係、有活力、堅強積極、處事盡責。

最佳婚姻對象：府、梁坐命。

最凶婚姻對象：廉、破、狼坐命。

有承擔事情的能力，找到合適發揮的舞台，人生必能發光發亮。個性直率、勇敢、有創意、獨立、愛恨分明、擅長交際、接受挑戰、應變力強、對企業有企圖心、心思細膩。財帛：財源具有穩定、變動特質，有賺錢的能量，要注意理財風險，有守財能力。事業：事業具有起伏波折，有不斷努力特質，從事行業廣泛，遇到挫折困難，不輕言放棄。福德：對於自己要做的事情與方向，內心十分清楚。心靈方面，也有自我提升的動力，心性較為穩定，但也會起伏，付出努力會有豐厚的物質享受。

G. 天府（命宮）

一、命遷：府命（卯），武、殺遷（酉）。府命（酉），武、殺遷（卯）。

夫妻宮：紫、破（丑、未）

夫妻宮：感情有變化大的特質，不宜早婚、拉長交往時間較好。另一半專注於自己事業與理想，在家庭、親子關係較弱，且主觀意識強、易怒、強悍倔強。彼此要多忍讓。女性喜歡的男生，精力旺盛、聰明豪爽、愛心獨立、有企圖心與謀略。男性喜歡的女生，善良、勇敢、多才多藝、喜惡分明、追求品味、旺盛精力、有研究精神。

最佳婚姻對象：廉、相，廟旺陰、梁坐命。

最凶婚姻對象：貪府、破坐命。

踏實穩重、有想法、有自信、不會隨波逐流。慈悲勇敢、有領導力、務實、厚道處事圓融、踏實。財帛：財源賺錢掌握度的能量較低。求財不穩定，容易財來財去。因

此高風險變動大的求財計畫，要小心謹慎。以認真工作、節儉儲蓄為主。事業：適合在穩定環境中成長事面對困難願意有擔當承受責任，生命才會燦爛。福德：對於自己要求高，容易煩惱想太多，有漸入佳境的潛力，多培養積極與開創性，在努力過後，物質的享受也會如願。

二、命遷：府命（丑），廉、殺遷（未）。府命（未），廉、殺遷（丑）。

夫妻宮：武、破（巳、亥）

夫妻宮：宜晚婚、容易遇到條件好的對象，但對方掌控慾大，早婚會有波折。另一半易怒、強悍倔強、不浪漫、事業心重、缺乏情趣、人際關係差。多一分包容給各自空間，婚姻才能維持。女性喜歡的男生，正直聰明果決、有毅力有主見、吃苦耐勞、有事業心。男性喜歡的女生，善良、勇敢、生命力強、喜惡分明、創造力、有研究精神。

最佳婚姻對象：紫、武、廉坐命。

最凶婚姻對象：府坐命。

屬於文、武兼具組合，不會隨波逐流。喜歡受肯定，慈悲、聰明勇敢、自尊心強、有領導力、主觀意義強、厚道處事圓融、自我要求高。財帛：對財源掌握度的能量較低，易受外在影響，求財不易受自己控制。高風險變動大的求財較不適合。只要努力，會有不錯的財源。事業：適合在穩定工作的環境中成長，找一個可以掌握的領域去發展，會 OK。福德：不喜歡平淡無奇的生活、做事認真，但應變能力稍差，重視物質享受，心靈較空虛，要適時調整心態放鬆。

三、命遷：府命（巳），紫、殺遷（亥）。府命（亥），紫、殺遷（巳）。

夫妻宮：廉、破（卯、酉）

夫妻宮：感情變動大，對經營家庭子女的能量也弱。另一半的事業、學識、個性，和自己不相上下。婚前必須相互瞭解，才能減少紛爭，婚姻才能維持。女性喜歡的男

生，獨立、勇敢、有自信、愛自由、主觀意識強、善交際、精力充沛。男性喜歡的女生，熱情聰明、有主見、有責任、喜惡分明、藝術天份、對事業有企圖心。

最佳婚姻對象：紫、武、廉坐命。

次佳婚姻對象：機、陽、武、天、巨、相、梁、陰、狼坐命。

最凶婚姻對象：府坐命。

個性有定見，會規劃自己的目標，完成目標。個性慈悲穩重、有原則與包容力和執行力、務實安分、自我要求高、有領導力。財帛：對財源掌握度較低，求財會稍辛苦。投資財來財去，高風險變動大的求財計畫較不適合，謹慎理財。事業：事業有穩定特質和主導權，找一個可以掌握的領域，發揮領導及協調能力，會是個管理上的人才。福德：重視物質享受，自我要求也高，容易勞碌，加強自己思考和抗壓能力。

H. 太陰（命宮）

一、命遷：陰命（巳），天機遷（亥）。陰命（亥），天機遷（巳）。

夫妻宮：無（卯、酉）

夫妻宮：感情執著，會走得較辛苦。另一半固執、高傲、異性緣好。稍年長對象或許較好。女性喜歡的男生，有愛心、忠厚老實、熱情善良、有陽剛氣息。男性喜歡的女生，溫柔體貼、親切善良、理性、感性、坦白。

最佳婚姻對象：紫、梁坐命。

次佳婚姻對象：府、陽、相坐命。

最凶婚姻對象：陰坐命。

次凶婚姻對象：廉貪坐命。

個性光明博愛、溫和沉靜、有耐心服務心、外柔內剛、處事圓融，求知慾高，但有些善變。感情豐富天性浪漫，對文學、美學有自己見解，有毅力及耐心，在工作上是個

人才。財帛：求財會稍辛苦，財運不受自己控制、掌握度較弱，收入不穩定。以穩健方式理財，謹慎理財。事業：服務及照顧他人都適合，在乎公平與正義，事業若產生問題，需要有耐心，用智慧去克服。福德：知足常樂，隨遇而安，有口福，做事穩重、守規矩但缺乏挑戰與開創力。有夢要勇敢追求，不可悲觀及逃避，把對文學與藝術的興趣發揮出來。

二、命遷：陰命（辰），陽遷（戌）。陰命（戌），陽遷（辰）。

夫妻宮：無（寅、申）

夫妻宮：感情容易沒主見，會隨波逐流，但有享福的特質。雙方都懂物質與精神生活。婚姻感情多變化，宜晚婚。另一半固執、缺行動力，不喜改變。婚前多一份理性，婚後用心維護，最好兩人從事相同工作。女性喜歡善良、有抱負口才佳、性情溫和、穩重有服務心、懂物質與精神

生活享受的男生。男性喜歡有理想、溫和、穩重、善良、處事圓融、謙虛、人緣好的女生。

最佳婚姻對象：紫、府、陽、梁坐命。

最凶婚姻對象：廉、陰、狼坐命。

穩定性強，不會隨波逐流。讀書、研究較有表現，個性光明博愛、感情豐富、溫和冷靜、有耐心及服務心、外柔內剛、處事圓融，求知慾高、不喜爭執。對文學、美學有自己見解。財帛：錢財有浮動的特質，不易聚財，要懂得節流與分散風險。進財較多元，多培養其他專長，可增加財源。事業：事業有些福份，適合在穩定成長中工作，在職場多幫忙別人，就能發揮天生潛能，得到更多助力。福德：處在忙碌中才會感到安全，福報在辛苦過後才會到來。遇到困難不可以逃避，善用自己的能力去扭轉逆境。

三、命遷：陰命（卯），同遷（酉）。陰命（酉），同遷（卯）。

夫妻宮：機（丑、未）

夫妻宮：感情變化多，有合適的對象不宜長跑，但感情變化也有化解的能力，不可一見鍾情。女性喜歡善良幽默、求知慾強、多才多藝、有創造力和判斷力的男生，但此人缺點是固執、小氣、性子急。男性喜歡有品味、心思細膩、善解人意、活潑體貼、反應佳的女生。但是會多愁善感、毅力不足、鑽牛角尖。

最佳婚姻對象：紫、梁、陽、相坐命。

最凶婚姻對象：廉、陰、狼坐命。

有勇氣心中充滿希望，個性光明、溫和冷靜、有耐心及服務心、外柔內剛、處事圓融，求知慾高，對文學、美學有自己見解。財帛：會重視錢財的來源，取之有道。開源比節流重要，要謹慎理財，在投資方面須注意。事業：事業有些福份，付出必然會受到重視，做好份內工作外，行有餘力多幫助他人，會在事業出現困擾時得到助力。福德：個性陰柔沉靜，也會悲觀，容易囤積壓力，也會有物

質缺乏的苦悶，身心靈會難平衡，拿出勇氣與信心爭取機會勇於表現，要適當的運動與休息紓壓。

四、命遷：陰、陽命（丑），無遷（未）。陰、陽命（未），無遷（丑）。

夫妻宮：同（巳、亥）

夫妻宮：感情穩定享福，另一半容易想多做少，異性緣好，婚前多理性考量，婚後多點包容，最好有共同嗜好。女性喜歡浪漫溫和、有赤子之心、喜悠閒生活、謙虛、有物質享受的男生。男性喜歡善良樂觀、有女人味，好相處、喜愛文學藝術的女生。

最佳婚姻對象：同坐命。

次佳婚姻對象：紫、相、府、梁坐命。

最凶婚姻對象：貪、巨坐命。

隨著歷練會漸漸懂得照顧他人，個性光明有勇氣、溫和冷靜、有耐心及服務心、外柔內剛，喜交友愛表現，正

直無私、感情豐富、對文學和美學有自己見解。財帛：對錢財的掌握度較弱，求財競爭勞心勞力，養成節儉認真工作，取財要循正道，不然容易起糾紛。開源比節流還重要。要謹慎理財，在投資方面須注意。事業：事業福份多，行有餘力多幫助人，廣結善緣，會在事業有發揮空間。有才華與智慧，適合在公平有制度合理的環境下工作。福德：心情易受外在影響，會情緒化及杞人憂天。有理想與抱負，要找到放鬆的方式，留意自己的言行舉止，與人為善。

I. 貪狼（命宮）

一、命遷：貪命（子），紫遷（午）。貪命（午），紫遷（子）。

夫妻宮：廉、府（辰、戌）

夫妻宮：對象通常獨立，不喜被約束，主觀意識強。對家庭及子女的經營能量較低。女性喜歡有主見、愛心、成熟、穩重、厚道、品味佳的男生。男性喜歡有主見、開

朗、獨立、談吐佳氣質好、心思細膩、有責任感的女生。

最佳婚姻對象：武、府坐命。

次佳婚姻對象：陽、相、梁坐命。

最凶婚姻對象：紫、貪坐命。

可獨當一面喜挑戰，個性衝動浮躁、定性不足。喜歡具有挑戰性、多變的事物。多才多藝、慾望多野心大、善交際、桃花、競爭心強。財帛：對錢財的投資方式有興趣，懂得理財的技巧與投機，求財競爭才會得到，來得快也去得快，求財起伏變化也大。理財要謹慎注意。事業：可獨當一面，具有變動與波折，適合外出可得人脈。福德：認為不斷地努力達標，人生才有意義。努力過後會有回報，好的物質享受。興趣廣泛，專注才有收穫。喜與人較勁，異性緣佳，須小心感情方面的事。

二、命遷：貪命（辰），武遷（戌）。貪命（戌），武遷（辰）。

夫妻宮：紫、府(寅、申)

夫妻宮：氣勢強、會矛盾反覆，孤傲寂寞，徒增困擾。對象通常獨立、不喜被約束、自主性強、主觀意識強。婚前謹慎考量、多些理性，兩人要有共識，婚姻才能走下去。女性喜歡有主見、善良、愛心、成熟、穩重、有領導和辦事能力、品味佳的男生。但這種男生佔有慾較強也愛面子。男性喜歡有主見、獨立聰明開朗、談吐氣質好、心思細膩、多才多藝有理想、喜愛文學與藝術的女生。

最佳婚姻對象：府、相、梁坐命。

次佳婚姻對象：機、陽坐命。

最凶婚姻對象：殺、破、狼、廉坐命。

可獨當一面喜挑戰競爭，個性衝動剛烈，多才多藝能言善道，聰明好勝創造力強，擅長公關、對美有獨特鑑賞力。財帛：錢財會易進易出，具有破壞與建設，起伏變化也大。理財要謹慎注意。事業：具有變動與波折，不怕艱

難勇往前進，會有精彩人生。福德：有抗壓能力，不畏挑戰、想太多會放不開，學會調適。努力會有回報及物質享受。興趣廣泛，專注才有收穫。不可太好強，易帶來困擾和煩惱。

三、命遷：貪命（寅），廉遷（申）。貪命（申），廉遷（寅）。

夫妻宮：武、府

夫妻宮：對象不善表達情感。婚前謹慎考量、多些理性，兩人皆有共識，婚姻才能下去，能得到配偶的財富。女性喜歡有主見、剛毅果決、成熟、穩重、有陽剛氣息的男生。但這種男生佔有慾較高也缺乏安全感，以自我為中心。男性喜歡有主見、自信、聰明開朗、獨立善良、思想成熟、熱心有正義感、做事有效率的女生。但這種女生倔強、不溫柔。

最佳婚姻對象：武曲坐命。

次佳婚姻對象：府坐命。

更次佳婚姻對象：陽、相、梁坐命。

最凶婚姻對象：紫貪坐命。

可獨當一面，在多變挑戰競爭的事業上，可大放異彩。個性衝動剛烈，多才多藝、能言善道、瞭解人性、剛強好勝心、觀察細膩、創造力強、喜表現和競爭、對美有獨特鑑賞力。財帛：對錢財的投資有興趣，錢易進易出，理財要謹慎注意。事業，具有變動與波折，不懼艱難，勇往前進。福德，福份高，喜歡刺激不畏挑戰，興趣廣泛，專注才有收穫。感情豐富異性緣佳，感情方面須小心。

J. 巨門

一、命遷：巨命（子），機遷（午）。巨命（午），機遷（子）。

夫妻宮：陰（辰、戌）

夫妻宮：「陰」，穩定的感情帶有起伏和變化。女性

喜歡聰明、冷靜、親切、正直、溫和樂觀、感情豐富的男生。男性喜歡好相處、內向、耿直、溫和的女生。

　　最佳婚姻對象：相、梁坐命。

　　最凶婚姻對象：巨、殺、破、狼坐命。

　　有表達能力、但先天氣勢較弱，要努力有上進心才能補先天的不足。口才好、愛表現自我，善於推理分析與溝通、想像力豐富，有正義感、研發能力強。財帛：環境影響財運而不受自己掌握，除非努力、上進，才能有錢財。對賺錢沒有想法。必須努力打拼，穩健賺錢，才會有錢財進來。事業：多幫助人，展現自己能力與才華，承擔責任和挑戰，潛能才能被開發。福德：懂得讓精神身心平衡釋放壓力。注意口舌是非，免得禍從口出帶來麻煩。容易說得多做得少，無法付諸行動，給人不真實的感覺。若真想成功必須付諸行動，注意言行舉止，少說多做。

二、命遷：巨命（巳），陽遷（亥）。巨命（亥），

陽遷（巳）。

夫妻宮：陰（卯、酉）

夫妻宮：穩定的感情帶有起伏和變化。對象感情豐富、異性緣佳，但保守優柔寡斷、毅力不足和逃避現實。女性喜歡聰明、親切、正直、溫和樂觀的男生。

男性喜歡內向、溫和、安靜有氣質、思慮較多、有才華的女生。

最佳婚姻對象：紫、陽、相、同、梁坐命。

最凶婚姻對象：巨、殺、破、狼坐命。

有表達能力，先天才能不錯，若能加以表現會不錯。口才好開朗、愛表現自我，善於協調與溝通能力、愛自由冒險、競爭心強有正義感、善於公關、喜歡交朋友。財帛：財運比較不受自己掌握，常財來財去。要學會管理才能累積財富，最好有記帳習慣。喜歡有創意和變化的工作，可用智慧和口才進財。事業：天生有福份，適合在穩定環境中成長，多一些企圖心、找有興趣的工作做，助人也能自

助。福德：自我意識強，表達直接，喜歡高談闊論卻無行動力。個性活潑不畏挑戰，在過程中能保持身心的穩定與平衡。

三 命遷：巨命（辰），同遷（戌）。巨命（戌），同遷（辰）。

夫妻宮：機、陰（寅、申）

夫妻宮：穩定的感情帶有起伏和變化。對象感情豐富、異性緣佳，但保守優柔寡斷、毅力不足和逃避現實。女性喜歡聰明、親切、正直、溫和樂觀、感情豐富的男生。男性喜歡 內向、溫和、有氣質、有才華的女生。

最佳婚姻對象：相、梁坐命。

最凶婚姻對象：廉、巨、殺、破、狼坐命。

領導能力及承擔責任氣魄較差。有表達能力、先天才能也不錯，若能加以開發會很好。口才好、開朗、愛表現自我，善於協調與溝通能力、愛自由冒險、競爭心強與正

義感、喜歡交朋友。財帛：財運屬於耕耘才有收穫。取財要光明磊落，節流多注意。工作選擇更重要。事業：屬於需辛苦付出，變動，對事業掌握及職場承擔能力較弱。福德：福份不錯只要肯努力。在努力過後達標，身心也會較穩定與平衡。做事是否付之行動，會決定自己的成就，多說好話敞開心胸看待人、事、物，會帶來更多福氣。

四、命遷：巨、陽命（寅），無遷（申）。巨、陽命（申），無遷（寅）。

夫妻宮：（同、陰）

夫妻宮：感情帶有穩定的特質。但難免起伏，對象做事衝勁較不足，拖延逃避、毅力不足。女性喜歡聰明親切、善良溫和、誠實、做事穩健、斯文秀氣、愛悠閒生活的男生。男性喜歡溫和樂觀、溫柔體貼、有愛心、感情豐富的女生。

最佳婚姻對象：天同坐命。

次佳婚姻對象：紫、武、府、相、陰、梁坐命。

最凶婚姻對象：陽、巨坐命。

要訓練自己承擔責任的氣魄。愛表現自我，善於協調與溝通，光明博愛有正義感，生活自在對新奇東西感興趣。財帛：變動和高風險皆不宜，穩健賺錢，節儉和儲蓄較佳。事業：屬於辛苦付出在穩定中成長，選擇有興趣努力工作，必能達標。福德：會閒不住，承擔責任會讓你身心快樂。把口才導向正面發展，從事口的行業有助自己，不可只說不做，做事多思才佳。

K. 天相

一、命遷：相命（丑），紫、破遷（未）。紫、破命（未），相遷（丑）。

夫妻宮：廉、貪（巳、亥）

夫妻宮：婚姻多波折，不宜早婚。交往時間拉長，彼此培養共同興趣，感情較會順心。另一半人際關係好、興

趣廣泛，但情緒化、佔有慾強、以自我為中心。 女性喜歡能言善道、有辦事能力、善於協調與溝通、公關、創造力、生活有品味的的男生。男性喜歡多才多藝、心思細膩、應變能力好、好惡分明、藝術美感佳的女生。

最佳婚姻對象：紫坐命。

最凶婚姻對象：廉、相坐命。

個性不隨波逐流，穩重踏實，心中自有主見。善於協調與溝通能力、親和力、多才多藝、同情心、樂觀誠懇。財帛：財源穩定度高，付出後能有收穫，反之能量就會減低。變動和高風險皆不可，穩健賺錢，節儉和儲蓄較佳。事業：喜歡親力親為，遇到困難會去突破，工作要夠付出努力，才有收穫不能靠運氣。福德：太重規矩守紀律，反而阻礙了成功。勇於創新，才會有更寬廣道路。不喜平淡生活更不畏挑戰，導致讓精神不易清閒和穩定，培養自己識人的能力，更要適當放鬆，才會讓你身心精神快樂。

二、命遷：相命（巳），武、破遷（亥）。相命（亥），武、破遷（巳）。

夫妻宮：紫、貪（卯、酉）

夫妻宮：不宜早婚。多交往一段時間，婚前仔細考量，婚後用心經營。另一半優點多、外向但固執不服輸、慾望多、異性緣佳，會吸引異性眼光。女性喜歡能言善道、多才多藝、豪爽、有擔當、足智多謀、主觀意識強、善於交際與公關的男生。男性喜歡 口才好、責任感、有才華、注重外表、藝術美感佳的女生。

最佳婚姻對象：武曲坐命。

次佳婚姻對象：陽、府、陰坐命。

最凶婚姻對象：殺、破、相坐命。

個性不會隨他人起舞，穩重踏實，心中自有定見。善於協調與溝通能，有親和力，多才多藝，富同情心，思慮周延、樂觀穩重。財帛：財源穩定度高，努力付出後，就能有收穫及累積錢財，錢財累積與努力程度有關。須注意

房產買賣。事業：不穩定度高，掌握度也較低，努力就能補能量的不足。福德：盡自己能力把一切做好。一生都在追求成就與安全感，易患得患失，因思慮多勞累而累積壓力，要適當放鬆，才會讓你身心精神快樂。

三、命遷：相命（卯），廉、破遷（酉）。相命（酉），廉、破遷（卯）。

夫妻宮：武、貪

夫妻宮：有變動特質、不宜早婚。多交往一段時間，婚前仔細考量，婚後用心經營。另一半剛硬獨立、固執不服輸、慾望多、以自我為中心、易忽略你的感受。女性喜歡吃苦耐勞、有正義感、責任感、事業企圖心、有主見剛直的男生。男性喜歡多才多藝、能言善道、有效率、有品味、果決浪漫、有原則、對美有鑑賞力的女生。

最佳婚姻對象：紫、武坐命。

次佳婚姻對象：巨、陰、陽、同、府、梁坐命。

最凶婚姻對象：廉、相坐命。

不會隨他人起舞，穩重踏實，心中自有主見。善於協調與溝通，有親和力和同情心，多才多藝、樂觀、誠懇、穩重，會顧全大局。財帛：財源穩定度高，努力後就能有收穫及累積錢財，投資變動大，要小心財富在投資中消失。謹慎理財。事業：有變動特質，掌握度也較低，承擔大任能力較弱。努力勇敢面對挑戰與困難，就能補能量的不足。福德：有很好的抗壓性，在煩擾時能調適取得平衡。適合在穩定中求發展，也會缺敏感度、企圖心錯失機會，要把握機會。

L. 天梁

一、命遷：梁命（子），陽遷（午）。梁命（午），陽遷（子）。

夫妻宮：巨（辰、戌）

夫妻宮：夫妻不容易溝通，觀念、看法不同，容易口

角，婚姻易有波折。婚前仔細考量，婚後用心經營，建立共識。另一半衝動、疑心病重、嫉妒心強、固執不服輸、容易有是非。女性喜歡能言善道、研發能力強、善於察言觀色、擅長外交公關的男生。男性喜歡自由競爭、能創造流行、有好奇心的女生。

最佳婚姻對象：武、機坐命。

次佳婚姻對象：紫、府、相、巨、廉、陰、陽坐命。

最凶婚姻對象：梁坐命。

先天的氣勢與潛力不錯，有承擔事情的能力，是工作與事業上好夥伴。有協調能力，穩重、清高、善良，有理想與機謀，奉公守法好惡分明。財帛：財源穩定中帶著變化，求財過程中有波折，努力後就能有收穫及累積錢財。房地產的能量較弱。要學習賺錢、花錢要精打細算。事業：在穩定中成長，找自己有興趣的工作，廣結善緣給自己帶來錢脈與人脈，多承擔一些責任，事業會有成就。

福德：情緒容易受外界影響，較不懂如何紓解。本性

清高，不喜逢迎，沒有野心容易隨遇而安。對目標應多點堅持較好。

二、命遷：梁命（丑），機遷（未）。梁命（未），機遷（丑）。

夫妻宮：巨（巳、亥）

夫妻宮：夫妻不容易溝通，觀念、看法不同，容易口角，婚姻易有波折。婚前仔細考量，婚後用心經營，建立共識。另一半衝動、疑心病重、嫉妒心強、固執不服輸，也不易信任別人、容易有是非。一見鍾情不宜。女性喜歡能言善道、自由、研發能力強、善於察言觀色、擅長外交公關、創造流行的男生。男性喜歡有主見、自信、自由競爭、能創造流行、好奇心強、能言善道、察言觀色的女生。

最佳婚姻對象：武、機坐命。

次佳婚姻對象：紫、府、相、巨、廉、相坐命。

最凶婚姻對象：梁坐命。

先天的氣勢與潛力不錯，有協調能力、冷靜踏實穩重、清高、正直、有愛心和耐心、重紀律、有理想、奉公守法、好惡分明。財帛：財源穩定，有正財，找適合自己工作，努力就能有收穫及累積錢財。投資也具有穩定的性質。事業：事業有服務他人的性質，勇於面對挑戰及展現能力與才華。要加強開創力。福德：福報很好，身心穩定自在，懂得生活，有貴人，晚年福份享受好，看待人生清高世故，讓人不易親近。

三、命遷：梁、同命（寅），無遷（申）。 梁、同命（申），無遷（寅）。

夫妻宮：（巨），（子、午）

夫妻宮：感情易有波折，婚前仔細考量、慎重觀察。另一半社交能力好、異性緣佳，女性喜歡聰明、能言善道、溫和、人際關係好、善於思考與規劃的男生。男性喜歡溫柔、樂觀、善良、自由，注重物質與精神享受、崇尚

流行的女生。

最佳婚姻對象：紫、機、陽、相坐命。

最凶婚姻對象：梁、破、狼坐命。

能遇難呈祥，好奇心積極樂觀、有協調力，光明清高正直，寬宏處事圓融。財帛：財源穩定有收入，投資具有穩定潛能，房產稍弱。事業：適合有變化工作，多注意人際關係，多點耐心，心平氣和，多說好話，減少與人結惡緣與摩擦。福德：身心雖穩定但易受外在影響，帶來不安。喜玩樂缺專精的一技之長。思慮多，必須自我調適，要積極，多交益友，少說多做。

四、命遷：梁命（巳），同遷（亥）。梁命（亥），同遷（巳）。

夫妻宮：機、巨（卯、酉）

夫妻宮：感情易有變動容易起口角，波折也多。容易一見鍾情，但不可以早婚，婚前仔細考量、慎重觀察。另

一半神經質、毅力不足、得理不饒人、缺乏安全感、容易猜忌，也不受約束。女性喜歡自由、機智、幽默、有創意、好奇心強、應變能力好的男生。男性喜歡善良、聰明、口才好、精明能幹、好動好學、能力強的女生。

最佳婚姻對象：機坐命。

次佳婚姻對象：紫、武、廉、陰、陽、相坐命。

最凶婚姻對象：梁坐命。

毅力好、耐性佳，熱心助人、有主見、守規矩、重紀律、有正義感、穩重、清高、正直。財帛：有賺錢能力，財源有穩定的特質、要正視自己的努力，耕耘才有收穫。努力與收穫成正比。投資有變化。事業：有勞心勞力的特質。要勇於面對挑戰，工作中容易惹上口舌是非，要以正面良性態度待人，減少與人結惡緣與摩擦。福德：容易緊張心情受影響，福德較弱，學習調適，為人守規矩，多一些包容才不會讓人有難以接近的感覺。

M. 七殺

一、命遷：殺命（寅），紫、府遷（申）。殺命（申），紫、府遷（寅）。

夫妻宮：廉、相（子、午）

夫妻宮：喜歡的對象會主動追求，另一半情緒起伏、佔有慾強、缺乏安全感、容易猜忌。女性喜歡多才多藝、愛恨分明、應變能力好的男生。男性喜歡有才華、大方親切、善於交際、應變能力好、獨當一面、誠懇樂觀的女生。

最佳婚姻對象：武曲坐命。

次凶婚姻對象：巨、狼坐命。

最凶婚姻對象：殺、破坐命。

有處事和做事及承擔大事的能力和毅力、耐性佳。個性剛毅、有自信、獨立責任心、愛恨分明、有威嚴、善謀略、有領導力。財帛：財源有容易起伏的特質、財來財去，收入不穩定，對賺錢有興趣，但理財要謹慎。事業：開創

力與判斷力強，追求的目標會全力以赴。適合外出發展。

福德：好勝，有目標與理想，身心較不能安寧。舉止稍微霸道，要學會與人和平相處。

二、命遷：殺命（辰），廉、府遷（戌）。殺命（戌），廉、府遷（辰）。

夫妻宮：武、相（寅、申）

夫妻宮：擇偶條件高，事業心強，另一半主觀意識強，自己個性也剛毅，感緒起伏波折多容易衝突，晚婚較能遇好的對象。女性喜歡大方樂觀、有主見、剛毅正直、有擔當能吃苦、事業心強的男生。男性喜歡有才華、謹言慎行、有創意、親和力、善良誠懇、熱情的女生。

最佳婚姻對象：廉、武坐命。

次凶婚姻對象：巨、貪坐命。

最凶婚姻對象：殺、破坐命。

個性剛烈、主觀意識強、喜歡挑戰、領導慾強。毅力

好、耐性佳。個性剛毅、有自信、獨立責任心、愛恨分明、有威嚴、善謀略、有領導力喜歡冒險，不畏困難與挑戰。財帛：會賺錢，財源有不虞匱乏的特質、財來財去，收入不穩定，對賺錢有興趣，但對房產的理財要謹慎。事業：追求的目標會全力以赴，但得失心不可太高。適合外出發展。福德：好勝加上有目標與理想，身心不能安寧，處理事情要注意他人感受。行為舉止稍微霸道，要學會與人和平相處。

三、命遷：殺命（午），武、府遷（子）。殺命（子），廉、府遷（午）。

夫妻宮：紫、相（辰、戌）

夫妻宮：感情有穩定的特質，自己個性剛烈，感情起伏波折多，另一半異性緣佳，佔有慾強，以自我為中心，婚前多思量，婚後多忍讓。女性喜歡有自信、誠懇、有擔當、能言善道、聰明有才華、有謀略野心的男生。男性喜

歡有熱情、態度大方、處事能力強、多才多藝、有親和力、善良誠懇、喜歡文藝的女生。

最佳婚姻對象：陽、府、廉坐命。

次佳婚姻對象：紫、武、相坐命。

最凶婚姻對象：巨、殺、破、狼坐命。

適合多變挑戰性的行業，個性剛烈、主觀意識強、喜歡挑戰、領導慾強、毅力好、耐性佳、有自信、獨立、有責任心、愛恨分明、有威嚴、善謀略、有領導力喜歡冒險、不畏困難與挑戰。財帛：求財源有興趣與多方面，但過程很辛苦，對追求的目標會全力以赴。求財要仔細評量，避免損失。事業：事業具有變動、辛苦有大起大落的性質。要勇於接受，面對困難和挑戰，也要懂得守成。福德：人生要不斷努力才有意義，面對煩惱容易鑽牛角尖，會給自己太多壓力。個性容易激動，加上主觀意識會影響人際多，注意自己的情緒管理。

N. 破軍

一、命遷：破命（寅），武、相遷（申）。破命（申），武、相遷（寅）。

夫妻宮：紫、（子、午）

夫妻宮：會愛上氣質高雅、儀態端莊個性穩重的異性。對愛情過於理性，太理想化，也會太挑剔，在感情的世界裡以自我為中心，內心隱藏著苦悶與矛盾。眼光高、要求高、好面子，或聚少離多，婚後多忍讓配合才會幸福。女性喜歡有謀略野心、勇於表現、有擔當、有主見、有安全感的男生。男性喜歡有氣質漂亮、獨立自主、能力強、有效率、分憂解勞的女生。

最佳婚姻對象：梁坐命。

次佳婚姻對象：紫、陽、武、同、殺坐命。

最凶婚姻對象：破坐命。

個性剛烈、主觀意識強、喜歡冒險與挑戰。情緒變化

很大，易怒、叛逆、主動積極、好惡分明、獨立自主、佔有慾強。財帛：求財投資變化大，敢投資。開源節流養成儲蓄投資習慣，對追求的目標會全力以赴。事業：有變動大，事業心積極、有企圖心和創造力。福德：積極開朗，心性穩定有修養，有生活品味，有好的開創性但缺乏耐性。注意交友，與親人關係緣薄，要多聯繫。

二、命遷：破命（子），廉、相遷（午）。破命（午），廉、相遷（子）。

夫妻宮：武（辰、戌）

夫妻宮：另一半和自己個性強硬容易爭執，以自我為中心，不宜早婚。婚前多思量，婚後多忍讓配合。女性喜歡精力充沛、陽光、有膽識、有正義感、有擔當、事業心重的男生。男性喜歡有毅力、積極、獨立自主、創造性的女生。

最凶婚姻對象：殺、破、狼坐命。

（較難配婚）

個性剛烈、主觀意識強、喜歡冒險與挑戰。情緒變化很大，易怒、叛逆、主動積極、好惡分明、獨立自主、佔有慾強。財帛：錢財變化大，要經過辛苦才能有所獲。能力與收穫成正比。有不錯的理財能力。事業：有浮動特質，行業廣，波折多。要積極、要有企圖心才會常有收穫。福德：晚年有物質享受與福報，但缺乏耐性，偶會與人衝突，要注意與人關係和諧。

三、命遷：破命（辰），紫、相遷（戌）。破命（戌），紫、相遷（辰）。

夫妻宮：廉（寅）

夫妻宮：兩人興趣嗜好很多元，人際關係不錯。另一半佔有慾強，缺乏安全感，有時會情緒化。最好培養共同興趣。女性喜歡有責任感、心思細膩、聰明、有正義感、有溝通能力的男生。男性喜歡有藝術涵養、生活有品味、會堅持理想、要求完美、擅長交際的女生。

尚佳婚姻對象：梁、府、陰、陽、相、同、巨、梁坐命。

次佳婚姻對象：紫、陽、武、同、殺坐命。

最凶婚姻對象：殺、破、狼坐命。

喜歡冒險與挑戰能開創新局，個性喜研究、承擔責任、對工作有企圖心、聰明、剛毅獨立、有主見、好惡分明。財帛：錢財變化大，要經過辛苦才能有所獲。開源節流都要謹慎。事業：有變動大，工作勞心勞力才會有收穫。創意多，能在變化環境中找到出路。福德：能在壓力和安穩中找到平衡點，也會喜歡不斷地往目標努力。晚年有物質享受與福報。但缺乏耐性，偶會與人衝突，與人和為貴，才會有好的能量。與親人要多互動。

0. 命無正曜（沒有主星）

一、命遷：無命（丑）， 同、巨遷（未）。無命（未），同、巨遷（丑）。

夫妻宮：機（巳、亥）

夫妻宮：感情易有變動容易起伏，波折也多。容易一見鍾情，但也易碰到神經質、毅力不足、容易猜忌，也不受約束的人。不可以早婚，婚前仔細考量、慎重觀察。女性喜歡自由、機智、有創意、好奇心強、應變能力好、有幽默感的男生。男性喜歡聰明機靈、有才華、心思細膩、會給人自由空間的女生。

最佳婚姻對象：紫、府、相坐命。

最凶婚姻對象：狼、同、巨坐命。

不服輸、毅力好、耐性佳、有正義感。較缺乏主見與信心，忽略危機與好高騖遠、立場不夠堅定。財帛：有賺錢能力及收入，財源有穩定和辛苦的特質。努力與收穫成正比。投資有變化。事業：有勞心勞力的特質。服務幫助他人，若能承擔責任，就能發揮天生的潛能。福德：容易緊張、心情易受影響，精神與物質也較不受自己控制。做事容易有始無終，也受他人影響，要慎重小心，多點執行力。正確看待事情的角度，不可給自己太多的藉口。

二　命遷：無命（卯），陽、梁遷（酉）。無命（酉），陽、梁遷（卯）。

夫妻宮：無主星（丑、未）

夫妻宮：感情易隨波逐流，有變動，容易起伏，波折也多。容易一見鍾情，但也易碰到神經質、毅力不足、得理不饒人、缺乏安全感、容易猜忌，也不受約束的人。不可以早婚，婚前仔細考量、慎重觀察。女性喜歡自由、機智、有創意、應變能力好、有幽默感的男生。男性喜歡聰明機靈、有才華、孝順、心思細膩的女生。

最佳婚姻對象：府、陰坐命。

次佳婚姻對象：府、相、廉、武、機、同坐命。

最凶婚姻對象：天梁坐命。

熱情、正直、喜愛助人、心胸廣大、會幫助別人。遇到困難也都能化解。財帛：有賺錢能力，但財源不穩定，須謹慎錢財的運用，多培養其他領域知識。事業：喜服務

他人，有福份，可以從事自己有興趣的工作。小心口舌是非。福德：心性穩重、有慈悲心，也能幫助別人，但個性直率，控制情緒自我成長能量稍差，易受外在事物影響，守規矩也要勇於求變，一切才會被自己掌握住。

三 命遷：無命（寅），同、梁遷（申）。無命（申），同、梁遷（寅）。

夫妻宮：天機（子、午）

夫妻宮：感情有變動不安定特質。容易一見鍾情，但也易碰到神經質、毅力不足、缺乏安全感、易猜忌，也不受約束的人。不可早婚，婚前仔細考量、觀察。女性喜歡活潑、機智、幽默、有創意、應變能力好、處事能力強的男生。男性喜歡聰明機靈、有變化、心思細膩、學習能力強、適應能力強的女生。

最佳婚姻對象：紫、機、相、武坐命。陰、陽也佳（必須廟、旺）。

最凶婚姻對象：破、貪、梁坐命。

沒有主見、立場不堅定、易受外在事物影響。決斷力及做事的魄力要多加強。溫和耐心、處事圓融、守法、正直清高，能以宏觀態度對待事務。財帛：有賺錢能力、投資穩定，財富與努力成正比。事業：具有與人溝通協調性質，小心口舌是非，就能增加事業的能量。福德：心性穩定、偶會起伏，學習調適，努力過後會有好的回報。事情的責任要會承擔，只要努力會有福報。敢冒險機會才不會錯過。

四、命遷：無命（巳），廉、貪遷（亥）。無（亥），廉、貪遷（巳）。

夫妻宮：武、殺（卯、酉）

夫妻宮：感情有變動特質。不可一見鍾情，婚前仔細考量、慎重觀察。另一半主觀意識強，雙方對事業心重。女性喜歡果決、剛毅、事業心重、意志力強、有自信能吃

苦的男生。男性喜歡盡責、好惡分明、有主見、善於謀略、有個性的女生。

最佳婚姻對象：府坐命。

最凶婚姻對象：廉、貪坐命。

較沒有主見、立場不堅定、易受外在事物影響。努力踏實、有口才與才華、重面子愛競爭、重隱私、應變好、善於交際、喜刺激與挑戰。財帛：有賺錢能力、收入穩定。投資容易變化。房地產能量較弱。金錢要守得住。事業：具有大能量、有福份。要實際行動堅守崗位，可以得到較高職位，職場多照顧他人，結善緣能助人也能助己。福德：自我要求高，偶會有孤寂感，盡可能培養多方面興趣。要求完美也帶來壓力，執著要放下，才能享受生命的樂趣。

五、命遷：無命（寅），機、陰遷（申）。無命（申），機、陰遷（寅）。

夫妻宮：梁（子、午）

夫妻宮：遇到喜歡的對象，年紀會較大、內斂外柔內剛、情感表現於外。女性喜歡正直、穩重成熟、誠懇有正義感、熱心助人的男生。男性喜歡堅持自己理想、有口才、清高善良的女生。

最佳婚姻對象：紫、府、梁坐命。

最凶婚姻對象：貪狼坐命。

次佳婚姻對象：陽、相、同坐命。

個性較沒有主見、立場不堅定、容易受外在事物影響。思考多、處事圓融、有勇氣、幽默、心思細膩、溫和有耐心、求新求變。財帛：努力與財富成正比，能在良性競爭下取得錢財。運用智慧與口才求財、辛苦過後必有收穫，錢財不要露白。事業：具有正面能量熱忱與態度，努力後必有收穫。與上司、長輩關係較薄弱，多照顧身邊之人，事業才有幫助。福德：身心穩定，自己在日常生活有獨到的看法，福份大，晚年福報好。聰明做事能規劃走捷徑，能在自己熟悉的領域發光發熱。

六、命遷：無命（卯），紫、貪遷（酉）。 無命（酉），紫、貪遷（卯）。

夫妻宮：廉、殺（丑、未）

夫妻宮：感情具有變化，衝突大，婚前多考量，婚後多經營，遇到的對象，興趣多元，能力佳，事業心重，自我中心強。女性喜歡事業心強、有威嚴、能言善道，有謀略的男生。男性喜歡有自信、率直、心思細膩、有責任、有藝術涵養的女生。

最佳婚姻對象：武、相、府、梁坐命。

最凶婚姻對象：紫、破、狼坐命。

次凶婚姻對象：殺、巨坐命。

遇到事情較沒有主見、立場不堅定、容易受外在事物影響而隨波逐流。注意交友及選擇行業，不可沉溺於玩樂。多才多藝、聰明善良豪爽、觀察力、喜愛藝術與文學、注重外表、口才好。財帛：有穩定的財源與賺錢能力，投資變化較大，謹慎理財。事業：有主導權及大格局能量，

多照顧身邊之人，事業才有幫助。福德：自我要求高，可以享受人生努力達標的成果，對新奇事充滿學習的興趣，但定力要夠，才會成功。面對挫折，當成磨練，晚年物質變化較大，要懂得積蓄。

七、命遷：無命（丑），陰、陽遷（未）。無命（未），陰、陽遷（丑）。

夫妻宮：梁（巳、亥）

夫妻宮：感情具有被保護的特質，遇到的對象，外柔內剛較內斂、情感不易流露、以自我為中心。不宜早婚，婚前多一些考量較好，婚後用心經營。女性喜歡穩重老實、腳踏實地、有辦事能力、有人生目標的男生。男性喜歡有正義感、清高、有愛心、懂得規劃、率直、有責任、有藝術涵養的女生。

最佳婚姻對象：同坐命。

最凶婚姻對象：貪、巨坐命。

次佳婚姻對象：紫、相、府、梁坐命。

較沒有主見、毅力不足，但具有服務熱忱。有愛心、思慮多、溫和正直、喜愛藝術與文學、喜交友。財帛：有穩定的財源與賺錢能力，投資變化較大，謹慎理財。事業：有安定、平穩特質，福份多，多照顧身邊之人，事業才有幫助。做自己有興趣的工作較容易成功。福德：易緊張勞碌，天生福報較弱，情緒化，要懂得控制和調適心情。正直、光明的個性，在工作上會給自己帶來福報。

八、命遷：無命（卯），機、巨遷（酉）。無命（酉），機、巨遷（卯）。

夫妻宮：無（丑、未）

夫妻宮　感情較沒有主見，面對感情易失去自我，婚前多一些理性考量較好。女性喜歡有愛心、思慮多、處事圓融、氣度恢宏、溫和無私的男生。男性喜歡感情豐富、有耐心、喜交朋友、開朗溫柔的女生。

最佳婚姻對象：陰、梁坐命。

最凶婚姻對象：機、巨、破、狼坐命。

次佳婚姻對象：紫、相、府坐命。

較沒有主見、信心不足，小心交友、環境和行業。好奇心、心思細膩、善於推理規劃分析、喜自由、口才好、人緣佳。財帛：財源具有清高順利特質，賺錢需合情合理、不能存貪念，財運才能持續，反之不能發揮及繼續。事業：有服務他人勞心勞力的特質。多照顧身邊周圍的人，對自己的事業的開發才有幫助，福報會回到自己身上。福德：個性與人為善，善於規劃生活，福份大，晚年福報不錯和有物質享受，但要注意良性競爭，才不會帶來麻煩。

九、命遷：無命（子），陰、同遷（午）。無命（午），陰、同遷（子）。

夫妻宮：機、梁（辰、戌）

夫妻宮：感情較有浮動特質，不宜早婚。對象心智

或年齡較成熟才能增加婚姻的穩度姓。婚姻中多些讚美尊重。另一半較不容易相信人、缺乏安全感。女性喜歡有條理、正義感、守法、冷靜、清高、幽默的男生。男性喜歡會溝通、協調、喜歡學習、善惡分明、反應佳，善分析的女生。

最佳婚姻對象：陽、梁、相坐命。

最凶婚姻對象：狼、破坐命。

　　喜歡藝術及美的東西，較沒有主見、容易相信他人。個性善良、有同情心、謙虛，喜好悠閒生活。財帛：財源具有不斷轉動特質，過程難免辛勞，需和人競爭和勞心勞力，不要逞口舌之快。事業：具有主導和變化性，適合變化性與創意的工作。環境制度合理公平，能有所表現。工作具有服務他人特質。多照顧身邊之人，福報會回到自己身上。福德：物質享受，須靠自己努力，找到生活重心，福報就會掌握得到。興趣廣泛但缺乏專注，自信和承擔大任的能力也要加強，培養自己的積極主動態度，建立自己

的專業，個性善良要學習懂得拒絕，免造成傷害。

十、命遷：無命（丑），武、貪遷（未）。無命（未），武、貪遷（丑）。

夫妻宮：紫、殺（巳、亥）

夫妻宮：感情有變動特質，不宜早婚。會遇到條件不錯的對象但支配慾強、固執、情緒化、佔有慾強。拉長交往時間、多考量。女性喜歡注重外表、獨立、有領導力、事業心強、有責任感的男生。男性喜歡大方、有自信、認真、喜愛文學藝術、聰明的女生。

最佳婚姻對象：梁、相、府坐命。

次佳婚姻對象：廟旺太陽坐命。

最凶婚姻對象：殺、破、廉坐命。

較沒有主見、立場易搖擺，隨波逐流。對美的東西有鑑賞力、有創造力、口才好、多才多藝、有事業企圖心、擅長人際關係、能吃苦。財帛：財源穩定度高、具有賺錢

能力，但房產能量較低，所以要留意交易。事業：具有穩定特質，堅持理想必能達成目標。面對困難抉擇，不可猶豫，相信自己，才能發揮潛能。福德：自我要求高、好勝心強、身心容易承受壓力、想太多不易放鬆。辛苦過後會有好的收穫。多休息，放輕鬆，家庭的關係多維繫。

十一、命遷：無命（辰），機、梁遷（戌）。無命（戌），機、梁遷（辰）。

夫妻宮：無（寅、申）

夫妻宮，在感情的世界易迷失自我，拉長交往時間多思考，對象心智年齡愈成熟較好。對方主觀意識強、衝動、猶豫。女性喜歡獨立、親切、熱情、光明磊落的男生。男性喜歡正直、樂觀、口才好、有服務熱忱、好奇心的女生。

最佳婚姻對象：同坐命。

次佳婚姻對象：紫、相、府、武坐命。

最凶婚姻對象：巨、破、狼坐命。

容易搖擺，決定易受外在因素影響。個性清高，有愛心、耐心，樂觀幽默有活力、能助人、善惡分明、守法。財帛：財源掌握力較弱，要耕耘才會有收穫。高風險投資不要嘗試，以穩健儲蓄為佳。事業：具有忙碌、衝突、競爭，工作中盡量結善緣，以正能量看待事情，多幫助別人對工作會有幫助。有服務熱忱、聰明，若能找到自己的領域，必會有收穫。福德：個性不計較、與人為善、穩定、身心自在。晚年會有好的福報。注意學習專注力，對自己才會有幫助。

十二、命遷：無命（寅），陽、巨遷（申）。無命（申），陽、巨遷（寅）。

夫妻宮：無（子、午）

夫妻宮：感情易有變動容易起伏，面對就能改善。女性喜歡聰明、溫和、博愛、謙虛、感情豐富的男生。男性喜歡樂觀、善良溫柔、心思細膩思慮多、喜愛文學藝術的

女生。

最佳婚姻對象：府、陽、相坐命。

次佳婚姻對象：機、梁坐命。

最凶婚姻對象：貪坐命。

次凶婚姻對象：同、廉坐命。

個性不服輸、熱情、正義感，但缺乏主見。博愛、正直、能言善道、好奇心、有服務熱忱、愛自由、行事光明磊落、研發能力強。財帛：財源有不穩定特質。努力與收穫成正比。房地產投資 OK。事業：事業有勞心勞力的特質，穩定中有成長，選自己有興趣的較能發揮。如能服務他人，與人為善，願意承擔責任，天生潛能就能發揮。福德：福份較弱容易緊張、心情易受影響，保持愉快，增加福報有幫助。要少說多做，說好話，有夢就要追逐。

19

紫微斗數以命盤辨別原則

（以下 informatiom ）來自紫微諸先賢。筆者整理，僅供參考。）

PS: 初學者，以下章節可略過

一、看天馬、祿存或化祿交會情形：

如果天馬、祿存或化祿交會，是適合創業的時機，但遇以下星宿則有不一樣情況。

會天巫：升官發財　　　會祿：祿馬交馳

會解神：驛馬　　　　　會天梁：漂流馬（獨行）

會紫府：主辛苦　　　　會空劫：死馬，勞而無獲。

會羊陀：折足馬　　　　會天刑：失足馬

二、看六吉星分佈情形：

六吉星交會之處，通常是個人助力及貴人所在。

助力：左輔、右弼

貴人：天魁、天鉞

Ps 組合不佳難有成就。

三、看日（太陽）、月（太陰）及紫微星組合狀況：

日（太陽）、月（太陰）及紫微星組合，是古人用來判斷富貴貧賤。

四、命宮與身宮星宿組合

a. 身宮的位置通常是一個人最重視 (concentrace) 的點，如身宮是夫妻宮，則表示此人重視夫，妻，家庭關係。

b. 命宮與身宮的強弱：

命宮與身宮的強弱，格局不佳，流年星曜組合不吉，易出現狀況。

辨別原則如下：（以下參考即可）

1. 命弱身弱：命宮與身宮星曜，如無主星，會空星曜。
   （大限遇凶，較難度過，本命格局若不佳，有損，好大限也難掌握。）

2. 命強身強：命宮與身宮皆有主星，三方四正吉星多。
   （大限行進較凶，得以平安。大限好，有好際遇及情況。）

3. 命強身弱：命宮有主星與身宮無主星
   （大限遇凶，縱有傷害，可度過。遇大限好，易產生挫折。）

4. 命弱身強：命宮無主星與身宮有主星
   （大限遇凶，小意外，可度過。遇大凶，較辛苦。）

五、橫財格有哪些，如何判識（以下參考即可）

1. 流年對宮火星、貪狼橫財格局，三方四正又成鈴貪格雙橫財格局，命宮又逢財星武曲化雙權會照，加上流年逢恩光，遷移宮逢天貴恩光互拱，為外出發財之

格。

2. 財帛宮見雙祿交流，得財較易，又天府、天相來會。
   若府相來會，地空、地劫來會，則為空庫。

3. 是否有財庫要看田宅宮，田宅宮不可見地空、地劫。

4. 財帛宮見紅鸞、天喜，有歡喜財，亦表示投機。
   若雙祿入命，表示得投機財，如賭博、股票。

六、婚姻紅鸞星動有哪些，如何判識？

　　姻緣看紅鸞、天喜(對照)，鸞喜入大限命宮，該大限內必有姻緣(正緣)，再看大限內流年四化是否有化祿，三方四正是否有桃花星(沐浴、喜神、咸池、天姚)。

七、離婚如何判識？

　　流年命宮與大限流年，均逢化忌，而此流年夫妻宮有天馬和解神，又流年化祿引動，較易離婚。

八、公家機關格局如何判識？

a. 命宮三方見太陽、天梁、文昌、化祿會照命宮，且官祿宮，加本命又見文曲，此乃陽梁昌祿格、為公部門最尊貴格。

b. 流年命宮見文昌、文曲照會，又逢太陰化科入流年命宮與官祿宮，此年考運 OK。

九、找工作，如何判識？

a. 找工作若本命宮及官祿宮在大限、流年、流月均逢化權會照，形成疊權，求職 OK。

b. 流年官祿宮化忌，形成疊忌，則職場較不順。

c. 文曲化忌，主文書或口舌失誤。太陽化忌，名譽受損。

d. 流月見天馬與天巫，若逢化權化祿，則表示有升遷。

十、紫微斗數能預測那些方面？

　　紫微斗數能預測個人的相貌、才華、出身，事業、前途、財富、運勢、疾病、災難、父母、經濟情況、兄友關係、婚姻、子女、出外吉凶、合夥等。

十一、從夫妻宮看你的愛情觀：

　　由化祿、化權、化科、化忌進入你的大限十年裡的夫妻宮，也會有相關聯。

a. 當夫妻宮裡有化祿星：化祿星在夫妻宮，會有早熟或早婚。

b. 夫妻宮裡有化權星：無法過著沒有愛情生活。與對象之間會有很大的觀念落差。

c. 夫妻宮裡有化科星：較理性的交往，傳統、保守、理性的觀念，但愛情會長跑。

d. 夫妻宮裡有化忌星：表示須經過感情的功課，化忌星與祿存星同坐進夫妻宮時，以平常心面對感情。

姻緣相合：申、子、辰（猴、鼠、龍）

　　　　　　巳、酉、丑（蛇、雞、牛）

　　　　　　寅、午、戌（虎、馬、狗）

　　　　　　亥、卯、未（豬、兔、羊）

十二、事業開創如何找

1. 先看先天命盤是否是開創業型、領導型的開創業格。

2. 大線呈現吉象。（財帛、事業化忌最好不要。）

3. 流年呈現吉象。（財帛、事業化忌最好不要。）

十三、如何趨吉避凶與進財

1. 找出十二宮的吉、凶點。

2. 注意大限宮干四化，與三方四正之變化。

3. 哪一宮的宮干化祿、化科入財帛宮，若部屬宮（交友宮）化忌入財帛宮，則小心被劫財。

十四、如何觀察可創業與不可創業？

A. 可創業：

1. 命格中若有機、梁、武、貪或文昌，適合從事專業性
   與服務性。

2. 命格中若有陽、梁、武、貪、同，適合從事實用性、
   消耗、娛樂旅遊與服務事業。

3. 命格中若有陽、梁、武、紫，適合從領導性、組織領
   導。

4. 流年、大運吉，有上述情形。

5. 子女宮主合夥，若佳，且四化皆吉。（不宜合夥：先
   天化忌入子女宮，子女宮化忌入命宮，命宮化忌入子
   女宮。）

6. 家人事業是否可繼承。

B. 不可創業：

1. 三方四正皆煞星。

2. 命宮自化忌。

3. 先天化忌入財帛宮。命宮化忌入財帛宮（不會理財）

4. 事業宮化忌入財帛宮（會盲目擴充）

5. 弱星不宜創業。

6. 命宮化忌入福德宮，福德宮化忌入命宮。

PS:

以上僅供參考，information 來自紫微諸先賢，經過筆者整理。

筆者心語

一、

這本書，只是幫助你克服對紫微諸星背誦的困難性，一定要熟讀幾遍，以諧音來加強對紫微斗數術語的記憶，將遼遼長文章化為有趣的句子和故事。可能一下記不得，沒關係，反覆的看，今天不懂，留著明天看，明天不懂，放一星期再看，一星期記不起來，一個月或半年後再看，

隨著時間流逝，你會漸漸有心得、有信心、有恆心，最重要有興趣。

命理知識每人 interpretation（解釋）都一把罩，話語真假難辨，無法像醫學有數據可驗證。Knowledge is power(知識就是力量)，盡信命理老師，不如自己也具有紫微知識(Knowledge)。在 unknow（未知）的人海中駕馭得更踏實、順暢。

筆者非命理老師，對紫微的研究，純粹是 kill the spare time(打發時間)。發現很多人都有興趣，但被生澀難記的繁星打退堂鼓。筆者以有趣、無俚頭的★諧音記憶方式。目的是幫助想研究紫微的同好，能夠輕鬆學習。

書中許多的 information、knowhow(資訊) 皆來自紫微諸先賢前輩，筆者把 make sense（有道理）的記錄下來，稍加整理。本書只供參考(refrence)，不是萬靈丹(panacea)，希望讀者都有紫微 sense，在 unknow 時不會茫然失措。

二、

　　利用科技 (電腦、手機)，你可以為自己生命找出 exit(出口)，判斷該休息、該衝刺點。

a. 用科技命盤，找出生年的十二宮各宮主星吉凶，

b. 身宮落在六強宮 (命、遷，夫、事，財、福。) 哪一個六強宮。

c. 看生年祿、權、科、忌在哪一宮位 (可製表格以曲線畫出方便閱覽)。

d. 用科技命盤，找出大限的每一個大限的吉凶。看各大限的祿、權、科、忌在哪一宮位 (可製表格以曲線畫出方便閱覽)。

e. 用科技命盤，找出每一個大限的當年流年，找每一個的吉凶。看它的祿、權、科、忌在哪一宮位 (可製表格以曲線畫出方便閱覽)。

f. 用科技命盤，找出從當流年，每當月的吉凶。看它的

祿、權、科、忌在哪一宮位 (可製表格以曲線畫出方便閱覽)。

g. 用科技命盤,找出從每一個流月,每當日的吉凶。看它的祿、權、科、忌在哪一宮位 (可製表格以曲線畫出方便閱覽)。

h. 科為貴人處。忌為小人地。善用優勢。劣處則謹慎小心防範。由大限、流年月日,清楚判斷該休息、或衝或慎行。

PS: 可參考 P.250 範例三。

三、如何找出流年吉凶宮位點。

a. 用科技命盤,找出當流年的命宮,然後逆時針排入兄、夫、子、財、疾、遷、部 (交友)、事、田、福、父,即可知當流年的祿、權、科、忌在哪一宮位。化科為貴人處,化忌為小人地,在哪一宮位 (只當參考,凡事只求盡心盡力,努力進取方才結果,良善助人得

福報）。

Ex1. 化忌若在流年的財帛宮，則小心使用金錢，不可輕易借人錢財，投資要慎重。

Ex2. 化忌若在流年的田宅宮、子女宮，買房、搬遷、移動與人合夥時候，都要慎思明辨等等……

四、

每一位父母可用科技命盤，找出孩子命宮主星，特質瞭解孩子屬性，知道孩子個性、工作、興趣等等……才知道如何教導孩子，不至於揠苗助長。(此點也是筆者最concerned)

骨髓歌

PS: 骨髓歌（紫微精髓），來自紫微先賢智慧，筆者口語整理，參考即可。

一生好、壞看五行宮位。

命、身為根基。

命無主星較辛苦。

命宮、五行局、主星相生是基礎。

命、身、限好壞，有關聯。

夾貴、夾祿是隱祿。夾權、夾科是顯祿。

夾日、夾月機會較少。夾昌、夾曲較富貴。

空劫夾煞或羊陀夾忌是較辛苦。

廉殺逢祿有錢人。陰梁陷地多飄零。

暗祿好。耗、煞在昌曲會較辛苦。

武、貪居墓不早發。日月反背失去光彩。

天同在戌宮不 OK。

巨門辰戌是陷地。辛年出生化祿，反較佳。

機、梁酉宮是不佳。太陰在陷地也 OK。

命和大限好、壞很重要。

巨、破、擎羊性情剛強。

府、相、同、梁性情溫和。

火、空、劫、貪，性情反覆。

曲、昌、祿、機，較靈秀與精巧。

日、月、左、右多溫合。

武、破、廉、貪較悍。

殺遇羊、陀有傷。

火、鈴為禍。劫、空天傷禍更多。

巨門身、命運限，最好不要會忌星。

太歲、宮符，較會有官司口舌。

吊客、喪門較會有災禍。

七殺在身宮較窮貧。貪狼無空必為娼。

廉貞陷地孤寒。太陰廟旺主快樂。

武貪先貧後為富。運逢煞先富後貧。

府相衣祿神，仕途官運亨通。

（此段乃古人思維，時空不一，參考即可，不可奉為圭臬。）

科、祿不可陷、弱、凶。

七殺在寅、申斗主（紫府）來朝有福氣。

紫微在午，無煞最 OK。

天府在戌六合太陽（廟旺）太陰相夾。

科、權、祿拱，名聲佳。武曲（廟）相會顯威名。

日月同臨居高位。機巨同宮官卿侯。

左輔、文昌喜權科。火貪廟旺適軍警。

巨門太陽在寅（山頭）聲名揚。紫府朝垣祿萬鍾。

科甲及第科權拱。日月並明可遇貴人。

府相照垣（拱照命宮）家祿豐。 三合明珠（日月）步

蟾宮（科甲及第）

七殺破軍宜外出。機月同梁當史人（公教）。

紫府日月居望地。應該是公侯將相才。

日、月、科、祿在丑宮，可以判斷為仕紳。

廉貞寅、申聲名可期待。 日（太陽）照雷門（卯宮為日出時）榮富貴。

月朗天門（亥宮）晉封侯。左右居墓尊八座。

天梁居午官清顯。天梁文曲位台綱。

寅、申最喜有同、梁。 辰、戌巨門陷最嫌。

忌星空劫遇祿、馬無作為。 紫府居寅是最佳。

紫微可解運限衰。

流年遇弔喪或喪門，又遇大限弔、喪很不佳。

夫子絕糧天殤限（流年大限在交友宮重疊）。

大限鈴（鈴星）、昌（文昌）、陀（陀羅）、武（武曲）較不順。

巨（巨門）、火（火星）、羊（擎羊）被限制。

命逢空(空星)較辛苦。

馬頭帶箭逢煞變力量大。(逢午擎羊)。

子午破軍有官祿。貪狼、文昌行事多小心。

廉(廉貞)相(天相)在午(午宮)合雙祿。

石中隱玉子午會較遲發。化祿最好不要在墓(四墓宮)

藏。

紫、相辰戌遇破軍,富而不貴枉費虛名。

星星之歌(**長相和個性**)

形性賦:長相和個性。

紫微帝,敦厚重外表。天府至尊溫和有體。

金烏滿圓,玉兔清。 天機善不長、短。

武曲剛強,個性果決。天同滿肥眉秀清。

廉貞眉寬、嘴潤、面橫,性情急躁、好爭。

貪狼善惡,入廟 OK,落陷頑囂。

巨門多疑猜忌,入廟 OK。失度口舌多是非。

天相外表持重，天梁穩定，玉潔冰清。

七殺 目大凶光，火、鈴陰暗聲音低沉。

文昌，眉清目秀，文曲音便佞，入廟定生異志，失陷有斑痕。

左輔右弼，溫良，端莊。

天魁天鉞有威儀，合三台是模範。

破軍背眉寬，坐著腰歪斜，行為險詐。

擎羊、陀羅，形貌醜，狡滑。

祿存個性外貌和藹。 權、祿奇特，耗、劫散福氣。

星論廟旺，最怕空亡。殺有空亡，沒威力。

祿逢梁蔭，失財，益他人。身命貪狼，多淫情。

貪狼於午垣，亦善亦惡。 機、同加煞，稟性不佳。

財居空亡，失多於得。機祿藝高，精巧伶俐。

文曲旺宮，聞一知十。巨加廉貞，貪濫奸。

男居生、旺，喜廟旺。女居死絕要看福德。

命最怕在敗位。財不喜遇空亡。

機、擎羊、殺、梁是孤星論。 破軍加惡星怕耗莫測
難明

陀忌耗囚星，於父母宮。 刑傷破祖，重拜父母。

童限宜相根基要察，武、貪外型較小，聲音大。

紫微肥滿，天府精明，雙祿厚重眼小。

日、月、曲、昌、同、梁、機，上長下短，眉清目秀。

貪狼同武曲，形小、聲高。天同加陀、忌，腦肥目渺。

擎羊身體遭傷，遇火、鈴、巨，會生異痣。

值耗、殺，形貌醜。居死絕限，徒勞無功。

夏令時間是一種夏季為節約能源，人為規定地方時間的制度，將時間調快一小時，每個國家夏令時間規定都不同。

台灣夏令時

年	開始日期	結束日期	名稱	註
1945	5 月 1 日	9 月 30 日	夏令時間	第二次世界大戰結束。
1946	5 月 15 日	9 月 30 日	夏令時間	Baby boomer（現約 7、80 歲）
1947	4 月 15 日	10 月 31 日	夏令時間	原訂實施至 9 月 30 日，後延長至 10 月 31 日。台灣二二八事件發生。
1948	5 月 1 日	9 月 30 日	夏令時間	
1949	5 月 1 日	9 月 30 日	夏令時間	中國共產黨佔領中國大陸，國民政府撤出中國大陸。
1950	5 月 1 日	9 月 30 日	夏令時間	
1951	5 月 1 日	9 月 30 日	夏令時間	
1952	3 月 1 日	10 月 31 日	日光節約時間	
1953	4 月 1 日	10 月 31 日	日光節約時間	

1954	4 月 1 日	10 月 31 日	日光節約時間	
1955	4 月 1 日	9 月 30 日	日光節約時間	
1956	4 月 1 日	9 月 30 日	日光節約時間	
1957	4 月 1 日	9 月 30 日	夏令時間	
1958	4 月 1 日	9 月 30 日	夏令時間	
1959	4 月 1 日	9 月 30 日	夏令時間	
1960	6 月 1 日	9 月 30 日	夏令時間	
1961	6 月 1 日	9 月 30 日	夏令時間	1962 年起停止實施。
1974	4 月 1 日	9 月 30 日	日光節約時間	
1975	4 月 1 日	9 月 30 日	日光節約時間	1976 年起停止實施。蔣介石先生去世。
1979	7 月 1 日	9 月 30 日	日光節約時間	1980 年起停止實施。美麗島事件發生（國民黨將反對人士逮捕入獄）。

PS: 倘若台灣夏令時間出生時間十點，應改為九點才是正確時間。

斗數錄賦歌（本書★簡記 summary、outline）

生年月日，十二宮。北、南斗、中天斷個性。

優缺能力人格地位、貧富福報和疾病。

生命事業婚姻親子，人際財富與愛情。

紫貪巨祿，文廉武破。府梁機同相殺。陰陽。

（豬貪巨鹿，吻臉巫婆）。（府涼，雞同象，殺）

命宮逆起，兄夫子，財疾遷，部事田福父。

強：夫財遷是福命，弱：父子有，胸肌甜。

男命身財，官祿遷。女命身福夫，子財宅。

十二宮位六對宮 命遷兄友夫官子田福財父疾。

命遷：機遇與外出。

兄友（奴僕）交友、外緣、避合夥。

夫官線夫妻關係工作問題。

子田線：驛馬運。田宅宮穩定，發展佳。

福財：理財或賺錢。福德祖德庇蔭與享受。財帛宮，可看賺錢與收支。

父疾：健康或勞動。差時衝突易異動。

三方：寅午戌 巳酉丑 申子辰 亥卯未。

養命能力命財官，聚財、房地兄疾田。

婚姻關係夫遷福，上下外緣關係父子友。

四正：命遷子田，兄友財福，夫官父疾。

異地交通搬遷、意外命遷子田。

朋友關係借貸，合夥兄友財福。

夫官父疾官祿宮有關聯。

三合是屋頂來論運，四正樑柱看運穩固。

陰男、陽女大運逆時排。陽男、陰女順時排

紫慈容愛求言，重質。 微剛虛，佔任發。

貪多靈交學、智野采異助。 狼不缺喜、多任精。

巨理專、耿心規直。門恃傲疑、刀嘴、豆心、難助力與服人。

廉社隨負見是敢進。貞主心情鋒狂孤。

武剛主以 吃勇負。 曲孤欠處自權。

破身求吃、勇善坦不迅。 軍我喜個不、欠遇翻。

天心不熱樂名愜。 府大隨衝喜魄耐。

天成熱，清慈思。 梁欠沒老面。

天智思分、敏善喜。機妒幻煩心精因。

天隨和樂觀近人，知足寬宏施捨貴人逢，不爭權重情趣。

同缺勁，畏首尾，感情用事，大化，想多做少。

天斯週諧誠惻節務。相志不堅粉太平，眼高輕諾，虛榮心喜掌權。

七胸不舉反責言，殺急怒險果衝。

五行水木火土金，生。水火金木土，剋。

紫府土梁祿輔，狼機木，廉火劫羊陀空。

巨破陰水弼曲相同，殺武金昌陽。

魁鉞輔弼昌曲吉 羊陀火鈴空劫煞。祿權科忌是四化。

甲丙戌庚壬，陽天干。乙丁己辛癸，陰天干。

甲乙木東方，丙丁火南方，戊己土中部，庚辛金西部，

任癸水北方。

子丑寅卯辰巳午未申酉戌亥十二支。

寅順數生月生子時，逆數生時是命宮。

順數生時是身宮。

安紫微逆時，紫、機＿陽、武、天＿＿廉。

安天府順時，府、太貪、巨、相、梁、殺＿＿＿破。

紫微 X 天府 Y，X < Y， X + Y = 6

X >= Y， X + Y = 18

子 1，丑 2，寅 3，卯 4，辰 5，

巳 6，午 7，未 8，申 9，酉 10，戌 11，亥 12

紫府同宮在寅申 (日出日末線)。紫府相對日出日末線。

大限命宮起，十年一大限。

陽男陰女順時針起。陽女陰男逆時起。

小限生年支，起一歲，男順女逆。寅午戌，辰算一歲。

申子辰，戌算一歲。巳酉丑，未算一歲。亥卯未，從

丑算。

命主先天分類，身主後天分。身宮必入六強宮（六陽宮）。

空宮：命宮無主星（藉遷移宮）。

四馬，寅(山頭)申、巳亥(要地)。四沐，子午、卯酉。

四墓，辰戌丑未。天羅地網在辰戌。

子： 細心內斂，聰明反應佳。

丑： 踏實躬親，固執有壓力。

寅： 活耀，思慮少周延。

卯： 喜學習，長企劃推廣與宣傳。

辰： 企圖慾望大，冒險精神。

巳： 做事完美，嚴以律己與他人，剛硬。

午： 尊貴，愛面子，犯小人，注意人和。

未： 眼光遠，想多和遠，未卜先知特質，思慮周延善於思考。

申： 喜抱怨，訴苦，或伸張正義，否定他人。

酉：較自我，批評所有人事物。

戌：堅守岡位負責，疲於奔命，要注意身體。

亥：浪漫，忙享受，有懶散氣質。

微：卯丑未酉 -1（紫貓有臭味）

機：丑寅巳未酉亥 -1（機醜掩飾為酒害）

陽：子申酉戌亥 -1（羊有子，喜神嗨）

武曲：巳亥 -1（舞是嗨）

天同：巳午未亥申 -1（通是嗨舞神味。）

廉貞：子 -1 卯 -2 巳 -2 申 -2 戌 -1（蓮子毛數參鬚）

太陰；辰巳卯 -1（因曾是貓）

貪狼：寅申 -1（狼陰深）

巨門：辰巳戌亥 -1（（既）曾是婿害）

天相：卯酉 -1（像貓酒）（想有貓）

七殺：辰巳 -1（殺臣是，沙城市）

破軍：寅申 -2（頗陰深）

紫：父遷、事財吉。 夫子命、兄疾田、福友平。

機：兄命吉。夫遷父子、財事平。田福交疾小凶。

陽：交夫、遷父子、財事命吉，兄疾田福平。

武：財遷、福田吉。　交父命平。　夫子兄疾小凶。

同：夫子兄、疾福命吉。父財、遷事、交田平。

廉：命福田小凶。夫子兄、父疾凶。遷事吉、交財平。

府：事平。　其他皆吉。

陰：夫兄、疾財事平。其他皆吉。

狼：友、財遷命小凶。　事平。　其他皆凶。

巨：夫命、田小凶。財事平，其他皆凶。

相：夫子、事財平。其他皆吉。

Be yourself from Zi Wei Dou Shu
(turn stumping stone into stepping stone)

Why must you know your fated?

Why do some people go too far?(太過分)

How often do you cheak your fate?

What thing do you always keep in mind?

Why do some people go too much authority? (管太多)

Why do some people go too quick to suspect? (疑心病太

重)

Why do some people to be two face?

Why do some people can't please everyone?

In the journey of life, regardless of what you have been

all along, or whether you are already steadily making progress

towards your goals, the only difference is that some people are

safe, healthy, and happy forever, while others are only filled with

tears of sorrow. We are here due to twists of fate in the universe

- some we like, some we distlike, and some people we envy. The hardest lesson in life is to gain a clear understanding of our own individual characters. Recently, I have been attempting to slow down my pace, listen to my soul and mind, and spend a lot of time studying Metaphysics.

2022.5.22 路因寫於台北

作者路因出身於台北師專，從事兒童教育、寫作，精通國、台、英、日語，致力於 TNR。腦力激盪（★諧音記憶）作者謝菁樺出身於日本早稻田大學院，富士通資深經理、科技副總。

謹以此書獻給摯愛家人、Nini、Two（天堂狗寶貝們）、Dear all……

With this and my best regards to my beloved family、twO、nini (beloved- exdogs) and dear all.

著作：

1. 日、英、漢字精華異同大會集。（ISBN 978-957-41-3867-8）

2. Sunny, Cloudy, Rainy（英文小說）。

3. 用三種語言（中、英、日）和小孩交談。

4. 翻譯英文小說 The Dandelion Ranch。

5. English and Me.

6. 我最喜歡的台灣老歌與民謠。（中、英、日）（ISBN 978-957-41-7211- 5）

7. My Beloved Daughters.

8. 懷念我們的寶貝 Two Two。

9. 與動物共舞。（ISBN 978-957-41-6509-4）

10. My painting 1, 2 .

11. 冰箱內的那顆肉粽。

12. 吹拭紅塵隧道的輕煙與灰燼。

13. 暮年之際、祭、記。

14. Green, Green Vegetables of Roof Garden.

15. 空中菜園。

16.　　參透命與運（The Fated in Destiny? ）。

17.　　when Cori，Kathy was young。

18.　　紫微斗數錄。

19.　　童叟紫微。

20.　　After Middle Age（中年之後）。

21.　　紫微斗數 LU（learning and using）。

國家圖書館出版品預行編目資料

快速記憶學學紫微斗數／路因著.
－－第一版－－臺北市：知青頻道出版；
紅螞蟻圖書發行，2023.07
面 ； 公分－－(Easy Quick；200)
ISBN 978-986-488-245-8（平裝）

1. CST：紫微斗數

293.11　　　　　　　　　　112008219

Easy Quick 200

快速記憶學紫微斗數

作　　者／路因
發 行 人／賴秀珍
總 編 輯／何南輝
文字整理／謝菁樺
校　　對／周英嬌、路因
美術構成／沙海潛行
封面設計／引子設計
出　　版／知青頻道出版有限公司
發　　行／紅螞蟻圖書有限公司
地　　址／台北市內湖區舊宗路二段121巷19號（紅螞蟻資訊大樓）
網　　站／www.e-redant.com
郵撥帳號／1604621-1　紅螞蟻圖書有限公司
電　　話／(02)2795-3656（代表號）
傳　　真／(02)2795-4100
登 記 證／局版北市業字第796號
法律顧問／許晏賓律師
印 刷 廠／卡樂彩色製版印刷有限公司
出版日期／2023年7月　第一版第一刷

定價 380 元　港幣 127 元

ISBN　978-986-488-245-8　　　　Printed in Taiwan